First published in the United States under the title:
EVERYTHING YOU NEED TO ACE COMPUTER SCIENCE AND CODING IN ONE
BIG FAT NOTEBOOK:
The Complete Middle School Study Guide
Copyright © 2020 by Workman Publishing Co., Inc.
Writer: Grant Smith
Illustrator: Chris Pearce
Designer: Abby Dening
Concept by Raquel Jarmillo

All rights reserved.
This Korean edition was published by Woorischool in 2021 by arrangement with Workman
Publishing Co., Inc., New York through KCC(Korea Copyright Center Inc.), Seoul.

이 책은 (주)한국저작권센터(KCC)를 통한 저작권자와의 독점계약으로 (주)우리학교에서 출간되었습니다.
저작권법에 의해 한국 내에서 보호를 받는 저작물이므로 무단전재와 복제를 금합니다.

코딩천재의 비법노트

2단계
프로그래밍 기초
스크래치와 엔트리

브레인 퀘스트 지음 | 배장열 옮김

우리학교

코딩과 친해지는 가장 완벽한 방법

안녕?

지금부터 너에게만 내 코딩 비법노트를 보여 줄게. 아참, 내가 누구냐고? 내 입으로 말하기는 좀 쑥스럽지만 사람들은 나를 천재라고 불러. 특히 코딩을 아주 잘해서 '코딩천재'라는 소리를 많이 듣지.

『코딩천재의 비법노트: 2단계: 프로그래밍 기초·스크래치와 엔트리』에서는 프로그래밍을 하기 위한 기본 개념 그리고 스크래치와 엔트리를 이용해 프로그래밍하는 방법을 배울 거야. 모두 코딩천재가 되기 위해 필요한 것들이지. 컴퓨터과학을 이해하고 코딩의 기초를 쌓는 데도 정말 중요해.

비법노트 활용법!
- 주요 단어는 **노란색 형광펜**으로 던칠했어.
- 단어 뜻 설명은 상자 안에 넣었어.
- 주요 인물과 장소, 날짜, 용어는 파란색 글씨로 표시했어.
- 핵심 개념에는 다양한 색으로 밑줄을 그었어.
- 중요한 개념은 한눈에 알 수 있도록 그림이나 그래프, 도표 등으로 나타냈어.

만약 코딩 수업이 어렵거나 코딩 프로젝트에 문제가 생긴다면 이 노트가 네게 도움이 될 거야. 컴퓨터과학의 중요한 모든 핵심을 담았고, 스크래치와 파이썬, 웹 개발의 기초를 정리했거든. 정말 유용한 노트겠지?
잃어버린 내용을 다시 찾아볼 때나 수업 시간에 배운 내용을 복습할 때, 혼자서 학습할 때도 이 노트는 꼭 필요할 거야.

비법노트 1장   변수 10

비법노트 2장   조건문 25

비법노트 3장   루프 41

비법노트 4장   이벤트 49

비법노트 5장   프러시저 53

스크래치와 엔트리 프로그래밍

비법노트 6-1장	스크래치 시작하기 62
비법노트 6-2장	엔트리 시작하기 81
비법노트 7-1장	스크래치 기본 알고리즘 87
비법노트 7-2장	엔트리 기본 알고리즘 108
비법노트 8-1장	스크래치 데이터와 연산 113
비법노트 8-2장	엔트리 자료와 계산 135
비법노트 9-1장	스크래치 제어 블록과 이벤트 블록 141
비법노트 9-2장	엔트리 시작 블록과 흐름 블록 162
비법노트 10-1장	스크래치 스크립트 재사용하기 169
비법노트 10-2장	엔트리 스크립트 재사용하기 177

 찾아보기 182

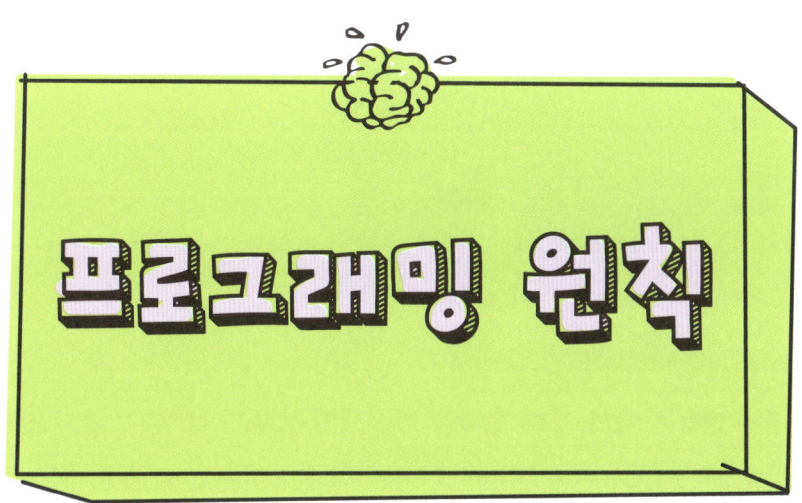

프로그래밍 원칙

비법노트 **1**장

수학에서 **변수**는 아직 알지 못하는 어떤 값을 대신 나타내는 글자 또는 기호를 말해. 수식이나 방정식에서 어떤 숫자가 들어갈 자리를 대신 맡은 거지.

컴퓨터 프로그래밍에서는 어떤 값을 저장하는 일종의 그릇이 변수야. 변수는 컴퓨터의 기억 장치에 저장되고, 프로그램을 통해 사용하거나 변경할 수 있어. 컴퓨터에 저장된 값들의 대역 배우인 셈이야.

변수의 이름은 **식별자**라고 불러. 변수가 담고 있는 정보는 **값**이라고 부르지. 변수의 값은 텍스트가 될 수도 있고, 숫자나 다른 종류의 데이터가 될 수도 있어.

예를 들어 컴퓨터 게임에서 점수(score)는 변수야. 게임 점수가 0에서 시작하고, 플레이어가 1점을 얻으면 변수는 이렇게 동작해.

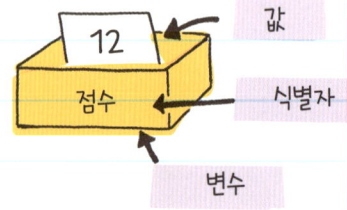

프로그램은 점수의 값이 저장된 곳을 찾아서 이전 값인 0을 내 값인 1로 바꿔.

변수에 값 대입하기와 변수 이름 정하기

프로그램 안에서 변수를 만들려면 **선언**이라는 걸부터 해야 해. '변수를 선언한다'는 말은 컴퓨터에 정보를 저장할 공간을 만들고 그 공간에 이름을 지정하라는 뜻이야. 마치 수북이 쌓인 장난감을 상자에 담아 정리하는 것과 같아. 여러 개의 상자에 장난감 이름을 쓴 라벨을 붙인 다음 종류별로 장난감을 정리하는 것처럼 말이야.

> **선언**
> 프로그램 안에서 변수를 만들어 이름을 붙이는 것

값을 변수에 대입할 때는 등호 기호(=)를 사용해. 식별자는 등호 기호 왼쪽에 오고, 값은 오른쪽에 와. 언제든 새 값을 변수에 대입할 수 있어.

프로그래밍 언어에서는 = 기호를 가리켜 **대입 연산자**라고 불러. 값을 변수에 대입할 때 사용해서 붙은 이름이야.

> **대입 연산자**
> 값을 변수에 대입하는 = 기호

프로그래밍에서는 = 기호가 '같음'을 의미하지 않아. '대입'을 의미할 뿐이야.

name = "Jason"은 name이라는 변수에 "Jason"이라는 값을 대입한다는 의미야.

변수 이름은 규칙에 따라 붙여야 해. 프로그래밍 언어마다 규칙이 조금씩 다르지만 공통 규칙을 추릴 수는 있어.

- 변수 이름은 될 수 있으면 짧은 것이 좋고, 어떤 값을 담고 있는지 분명하게 알 수 있어야 해.

    좋은 예: score

    나쁜 예: this_variable_represents_player_1_score

    너무 길군!

- 변수는 알파벳으로 시작해야 해.

    좋은 예: firstPlayer

    나쁜 예: 1stPlayer

    숫자는 노노!

■ 변수는 알파벳, 숫자, 밑줄 같은 일부 기호를 포함할 수 있어.
컴퓨터가 사용하기로 예약해 둔 문자나 #, @, &, % 같은 특수 기호,
공백 문자는 쓸 수 없어. 변수 이름으로 두 단어 이상을 쓰고 싶다면,
공백 문자 대신 밑줄(_)을 사용하든가 단어를 줄줄이 붙이되
단어의 첫 글자만 대문자로 나타내는 것이 좋아.

좋은 예: first_player 또는 firstPlayer 또는 FirstPlayer

나쁜 예: first player 또는 first#player 또는 first@player

프로그래밍 언어에 따라 식별자로 사용할 수 없는 단어가 있어.
특별한 의미가 있는 단어들이기 때문이야.

예시: 파이썬에서는 return이라는 단어를 수식이나 함수의 값으로
사용하지 못해. 다음은 파이썬에서 식별자로 사용할 수 없는
단어 중 일부야.

파이썬의 예약어

True	for	False	import	and
not	if	or	else	return
none	while	elif		

변수가 저장할 수 있는 정보의 종류

변수는 다양한 종류의 정보를 저장할 수 있어. 정보의 종류를 데이터 타입이라고 불러.

문자열 값

문자열은 문자(글자, 숫자, 기호, 특수 문자)라면 어떤 것이든 저장해.
퀴즈 프로그램에서는 질문과 대답을 문자열에 담을 수 있지.

문자열은 항상 따옴표로 묶어야 해.

예시:

name = "Alan Turing"
fruit_salad = "Yummy yummy"

문자열
변수명(식별자)

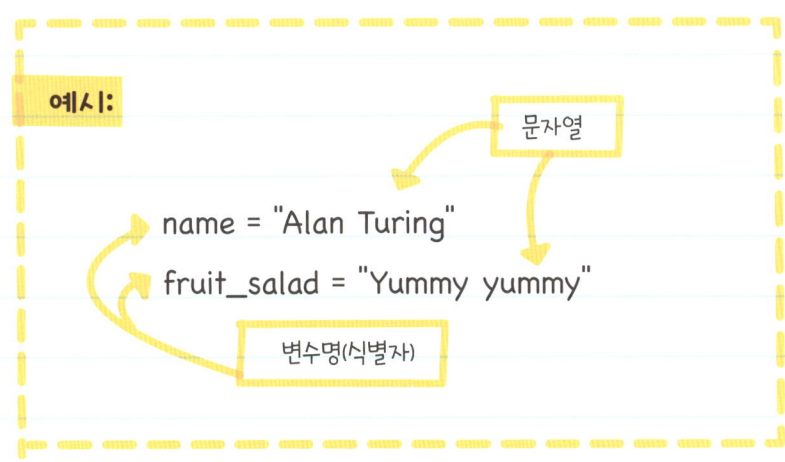

숫자 값

숫자 값에는 정수(자연수와 음수, 그리고 0으로 이뤄진 수)뿐만 아니라 부동소수점수(소수점이 있는 수)도 저장할 수 있어.
게임에서 플레이어가 레벨을 클리어하는 데 걸리는 시간도 숫자 값에 저장할 수 있지.

숫자 값은 따옴표로 묶지 않아.

예시:

숫자 값

age = 13

변수명(식별자)

xp = 245

score = 23.5

HIGH SCORE!

x_coordinate = -300.76

XP = 경험치
비디오 게임에서 플레이어의 캐릭터가 쌓은 능력을 점수로 표현한 것

변수에 값을 대입할 때는 산술식을 사용할 수도 있어. 예를 들어 플레이어의 xp를 저장할 때 플레이어가 목표를 달성할 때마다 점수에 5점을 더해 저장할 수 있어.
score = x + 5가 되겠지?

점수 변수에 점수를 더할 때 수학을 이용할 수도 있어.

예시: 어떤 값에 2점을 더하려면 다음처럼 할 수 있어.

score = 5 + 2

score가 정수 변수이기 때문에 두 정수 값의 합인 7이라는 값을 가져.

하지만 score에 문자열을 저장하겠다면 다음처럼 5 + 2를 따옴표로 묶어야 해.

score = "5 + 2"

이제 score는 "5 + 2"라는 문자열 값을 가져. 단, 실제로는 따옴표로 묶인 내용물만 저장되는 거야.

불리언 값

프로그래머들은 어떤 사실이 참인지 거짓인지 알아야 할 때가 있어. 게임에서라면 게임이 끝났는지 또는 계속 진행 중인지 알아야 해. 사용자가 퀴즈의 정답을 맞혔는지도 알아야 하지. 우리가 저장하려는 정보를 참 또는 거짓으로 나타낼 수 있을 때 이를 가리켜 **불리언**이라고 해. 그러니까 불리언 값은 True(참) 또는 False(거짓)만을 가질 수 있어.

불리언 값은 영국의 수학자 '조지 불'에서 유래되었어.

그건 참이야!

예시:

I_like_licorice = False   변수명(식별자)

powerUp = True

gameOver = True   불리언 값

리스트

배열 변수는 리스트 형태의 정보를 저장해. 늘어선 여러 정보를 한자리에 저장할 때 유용하지. 게임에서는 플레이어가 얻는 아이템들을 전부 배열 변수에 저장해. 플레이어가 새 아이템을 얻을 때마다 리스트 끝에 추가되는 거야.

1. 다음 빈칸에 알맞은 말을 골라 보자.

컴퓨터과학에서 변수는 _____.

   A. 파이(π) 같은 수야.
   B. 특정하거나 테스트하는 실험에서 일부분을 나타내.
   C. 정보를 저장할 자리를 표시해 둔 '대역 배우'야.
   D. 바뀔 수 없어.

2. 변수에서 식별자와 값의 다른 점은 무엇일까?

3. '변수를 선언한다'는 말의 의미를 설명해 보자.

4. 다음 변수 중 문자열 타입을 모두 골라 보자.
  A. character = "Dr."
  B. vehicle = "앰뷸런스"
  C. speed = 37
  D. lives = "3"

5. 플레이어의 점수가 0에서 시작해 목적을 달성할 때마다 1점씩 늘어난다고 하자. 이 값을 식별자가 score인 변수에 저장할 때 어떤 데이터 타입을 사용하는 것이 가장 좋을까?

   A. 숫자
   B. 배열
   C. 불리언
   D. 문자열

6. var_x 변수의 값은 var_x = 6 - 4가 실행된 후 무언이 될까?

   A. 10
   B. 2
   C. "6 - 4"
   D. 정의되지 않음

7. var_x 변수의 값은 var_x = "6 - 4"가 실행된 후 무언이 될까?

   A. 10
   B. 2
   C. "6 - 4"
   D. 정의되지 않음

8. 대입 연산자란 무엇일까?

9. 다음 각 변수의 타입은 무엇일까?

   A. adaLovelace = "최초의 프로그래머"

   B. Hotel_Floor = "13"

   C. Jersey = 18

   D. QueenOf = "Sheba"

   E. I_love_Mom = True

10. 다음 중 변수 이름 규칙을 따르지 않은 것을 모두 고르고, 어긋난 규칙이 무엇인지 설명해 보자.

    A. "teacherNames"

    B. RangersScore

    C. School Assignment

    D. My_Absolute_Best_Ever_Summer_Vacation_Do_You_Want_To_Hear_About_It

    E. 6ofSpades

정답

1. C

2. 식별자는 변수의 이름이고 바뀌지 않는다. 반면 값은 변수가 지정한 위치에 저장된 데이터이므로 얼마든지 바뀔 수 있다.

3. 변수를 선언한다는 말은 정보를 저장할 공간을 만들어 그 공간에 이름을 지정하라는 뜻이다.

4. A, B, D

5. A

6. B

7. C

8. 대입 연산자는 = 기호이고, 값을 변수에 대입할 때 사용한다.

9. A. 문자열
   B. 문자열
   C. 정수
   D. 문자열
   E. 불리언

10. A. 따옴표로 묶었다.
    C. 이름 중간에 공백 문자가 있다.
    D. 너무 길다.
    E. 숫자로 시작한다.

조건문은 어떤 조건이 충족될 때만 코드를 실행해.
if ... then 형식(이건이라면, 저건을 해)의 조건문은 여러 조건에 따라 결과가 바뀔 수 있기 때문에 무척 유연하고 유용하지.

예를 들어 볼까?

- if 적과 접촉한다, then 캐릭터가 죽는다.

- if 결승선을 먼저 통과한다, then 승리한다.

- if 골을 넣는다, then 점수가 1점 올라간다.

다음은 조건문의 기본 구조야.

```
if 어떤 일이 일어난다
    then 결과가 일어난다
```

다음은 퀴즈 게임에 적용할 조건문이야.

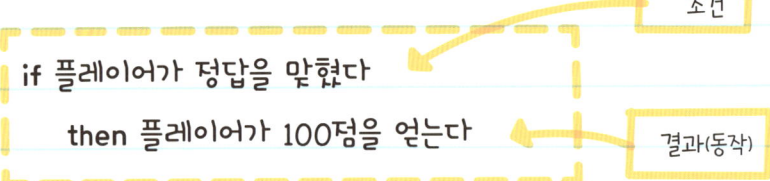

```
if 플레이어가 정답을 맞혔다
    then 플레이어가 100점을 얻는다
```
조건
결과(동작)

if ... then 구조를 순서도로 나타낼 수도 있어. 위의 퀴즈 게임에서 기본 조건문은 다음처럼 만들 수 있어.

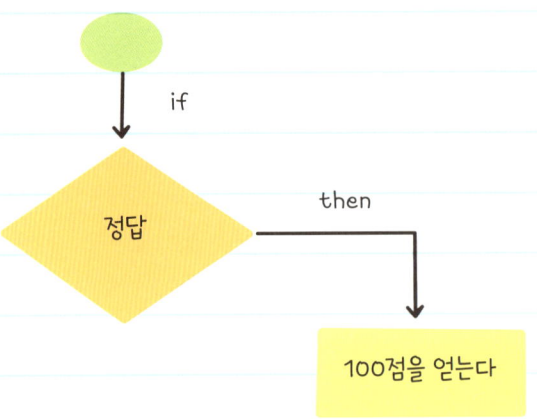

조건이 거짓일 때는 다른 동작이 일어나도록 할 수도 있어. **else** 구조를 적용해 다른 동작을 지정하는 거야.

if 어떤 일이 일어난다
    then 결과가 일어난다
else
    다른 결과가 일어난다

다음은 퀴즈 게임에 else를 넣어 조건문을 적용한 모습이야.

if 플레이어가 정답을 맞혔다
    then 플레이어가 100점을 얻는다
else
    플레이어가 50점을 잃는다

if ... then ... else 구조 또한 순서도로 나타낼 수 있어.

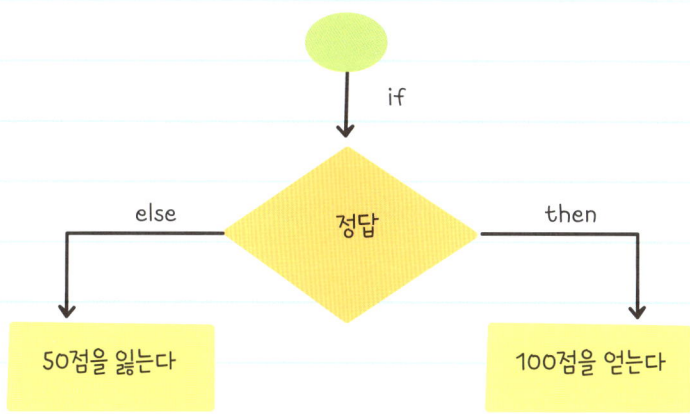

여러 조건문을 합쳐서 훨씬 더 많은 결과를 만들 수도 있어.
그러려면 기본 조건문에 **else if** 구문을 적용해야 해.

else if를 적용할 때마다 거기에 어울리는 결과를 추가해야 하지.
다음은 세 가지 서로 다른 결과를 얻기 위해 else if를 적용한 예야.

> **if** 어떤 일이 일어난다
>   **then** 그 결과가 일어난다
> **else if** 다른 일이 일어난다
>   **then** 다른 결과가 일어난다
> **else**
>   또 다른 결과가 일어난다

다음은 플레이어가 맞힌 정답의 개수에 따라 얻는 점수를 계산할 때
if 구도에 else if와 else를 적용한 예야.

if 플레이어가 정답 10개를 맞혔다
    then 플레이어가 100점을 얻는다
else if 플레이어가 정답 5개 이상을 맞혔다
    then 플레이어가 50점을 얻는다
else
    플레이어가 10점을 얻는다

순서도는 다음처럼 만들 수 있어.

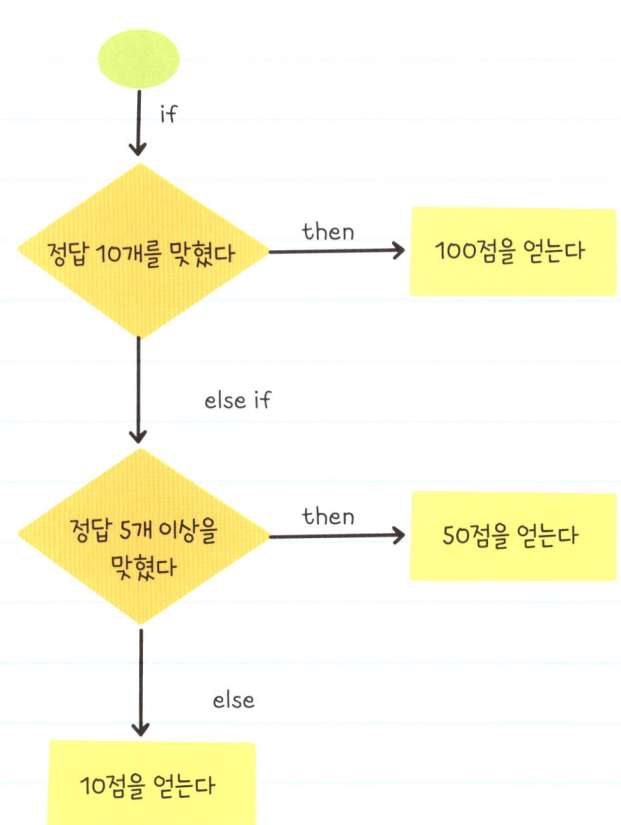

비교 연산자

비교 연산자(값을 비교할 때 사용하는 기호)는 프로그래밍에서 불리언 수식을 만들 때 사용해.

연산자	설명
>	크다
<	작다
>=	크거나 같다
<=	작거나 같다
==	같다
!=	같지 않다

비교 연산자 양쪽에 값을 두면 불리언 수식이 만들어져.

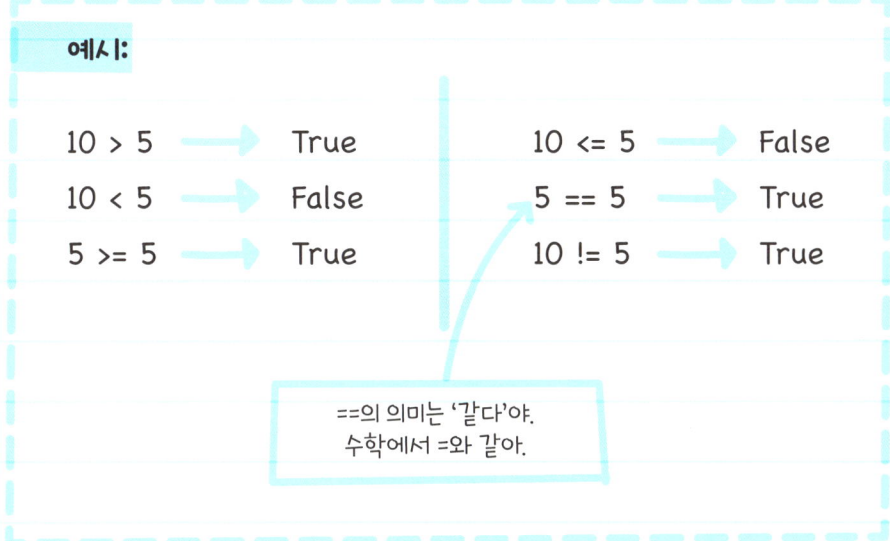

비교 연산자는 순서도에도 사용할 수 있어. 다음은 10이 5보다 크면 "예쓰"를 출력하고, 그렇지 않으면 "우우"를 출력하는 순서도야. 10 > 5가 참이니까 "예쓰"겠지?

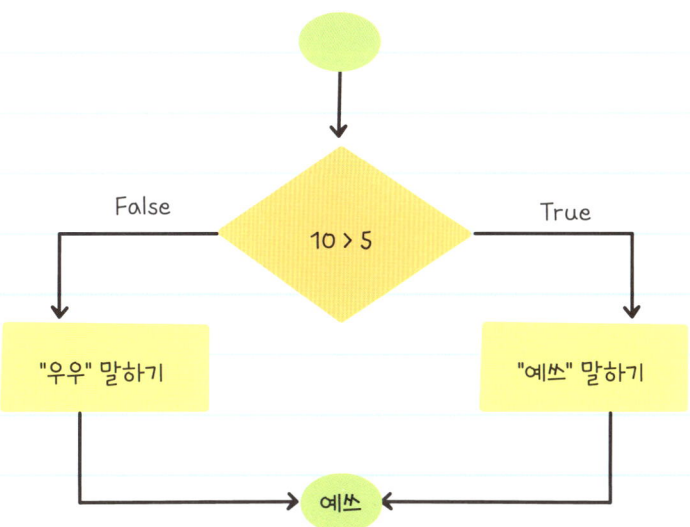

== 연산자를 사용해 두 값을 비교할 수 있어. 게임이 종료되었는지 또는 플레이어의 점수가 10점인지 확인하고 싶다면 다음처럼 순서도를 만들면 돼.

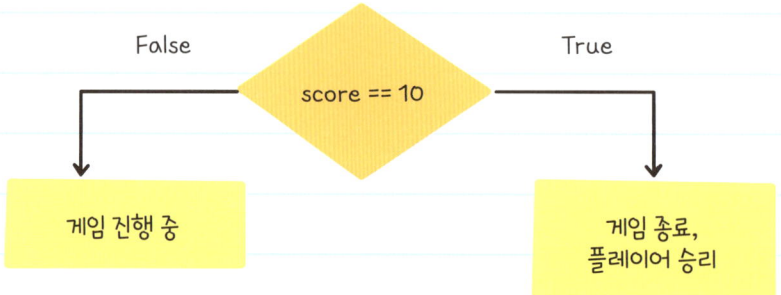

불리언 값은 그 자체로도 사용할 수 있어.

예를 들어 경주 게임에서 boost라는 변수를 만들어 플레이어가 속도 부스트 아이템을 획득하면 True로 설정하는 거야. 프로그램에 조건문을 사용해 부스트가 참인지, 즉 플레이어가 부스트 아이템을 획득했는지 확인하면 되겠지? 부스트가 참이면 프로그램은 플레이어의 속도를 올려야 해.

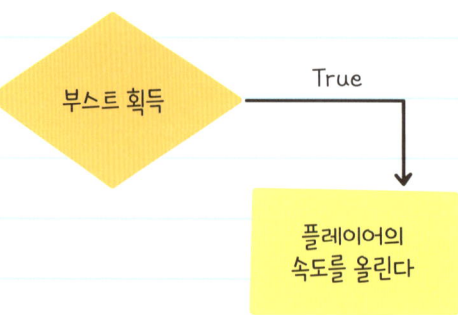

복합 조건문

하나의 조건문에서 여러 조건이 동시에 참인지 확인하려면 조건문을 불리언 수식으로 결합해야 해.

복합 조건문은 둘 이상의 불리언 수식을 결합한 조건문이야.

논리 연산자는 수식을 결합할 때 사용해. and, or, not 연산자가 대표적이지.

and 구문은 두 조건이 함께 참일 때만 참이야.

True and True → True

플레이어가 경주를 끝내고 '그리고' 다른 플레이어들보다 빠르게 들어왔다면 우승하는 거야.

하지만 두 조건 중 어느 하나라도 거짓이면 and 구문은 거짓이야.

True and False → False

False and False → False

예시: 게임 플레이어가 경주를 이기고 <u>그리고</u> 현재 기록보다 빠르게 결승선에 들어오면 새로운 최고 기록이 되는 거야.

플레이어가 경주를 이기고 경주 시간을 줄이지 못했다면 또는 경주에서 이기지도 못하고 시간도 줄이지 못했다면(<u>두 조건 모두 충족하지 못한 경우</u>) 플레이어는 새로운 기록을 세우지 못한 거야.

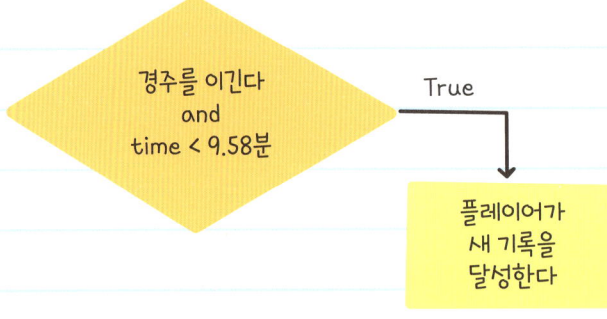

or 구문은 적어도 하나의 조건이 참이면 참이야.

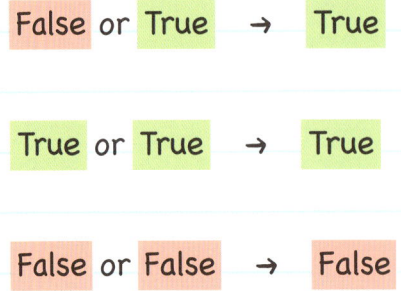

 공 튕기기 게임에서 플레이어가 오른쪽 벽을 치거나 **또는** 왼쪽 벽을 치면 지는 거야.

⬇

어느 한쪽 벽을 친다는 조건이 충족되면 경기에서 진다는 결과가 참이 되지.

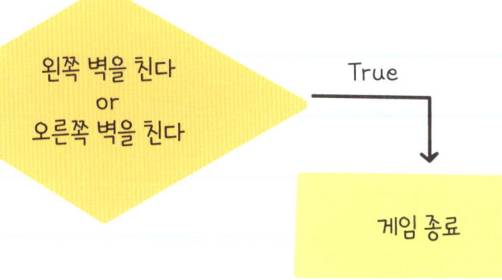

not 구문은 두 조건을 비교하지 않아. True를 False로, False를 True로 뒤집을 뿐이야.

not False → True

not True → False

> not 구문은 수식의 결과를 정반대로 뒤집어.

예시: 경주 게임에서 게임 동료가 팀이 아니면(not) 배경 음악을 재생해. 그러니까 게임이 진행되는 동안만 음악을 재생하는 거야.

중첩 조건문

중첩 조건문은 어떤 조건문 안에 또 하나의 조건문이 들어 있는 구조야. 강아지 기르기 게임에서 배고픔과 피곤함 같은 서로 다른 조건에 따라 강아지의 기분을 판단할 때 중첩 조건문을 적용할 수 있어. 강아지가 자고 있을 때는 '자고 있음'으로 기분을 나타낼 수도 있겠지?

강아지가 깨어 있고 배고픔 수치가 50% 이하라면 상태를
'행복함'으로 나타내고, 그렇지 않으면 '탈진'으로 나타내는 거야.

따라서 강아지가 깨어 있고 배고픔 수치가 75%라면 상태를
"탈진"으로 나타내야겠지?

순서도는 다음처럼 만들 수 있어.

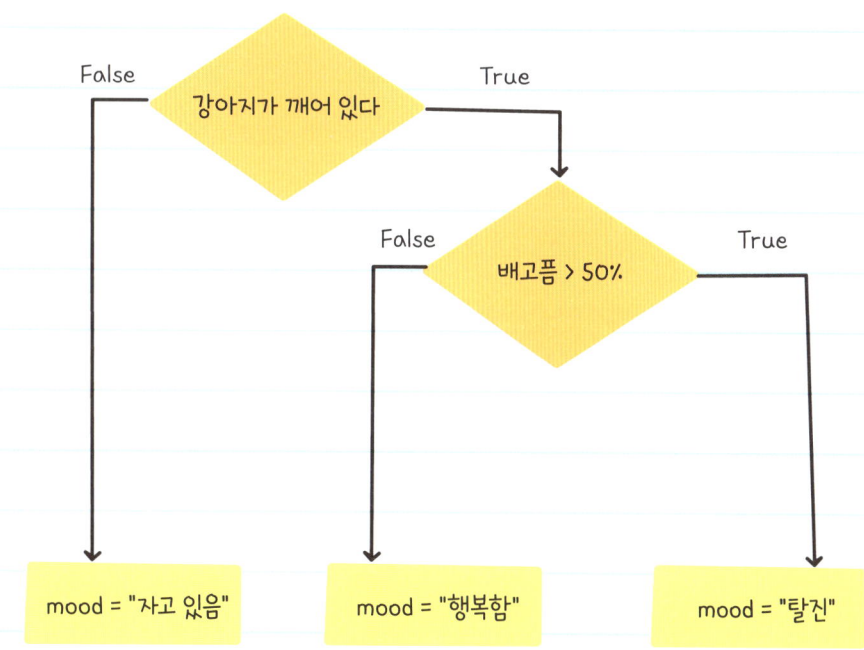

1. if 구문과 else if 구문의 다른 점은 무엇일까?

2. 플레이어가 15점을 얻고 게임을 끝냈다면 다음 구문은 참일까, 거짓일까?

   > 플레이어 점수 > 20 and 플레이어 게임 끝냄

3. 게임 속 외계인이 화가 많이 났고 플레이어와 200미터 떨어져 있다. 다음 조건문에 따르면 이 외계인은 플레이어를 공격할까?

   > if 외계인이 화가 많이 났다 or 외계인이 100미터 안쪽에 있다
   >   then 플레이어를 공격한다

4. else if 구문과 중첩 조건문은 각각 언제 사용하는 것이 좋을까?

5. 다음 슈도코드에서 조건문에 동그라미를 그려 보자.

   > if 지금은 여름이다
   >   then "수영장 개장!" 표시하기

6. 퀴즈 게임에서 플레이어가 일곱 문제를 맞혔다면, 다음 조건에서 얻을 수 있는 코인은 몇 개일까?

```
if 플레이어가 10개의 정답을 맞혔다
    then 플레이어가 코인 10개를 얻는다
else if 플레이어가 8개 이상의 정답을 맞혔다
    then 플레이어가 코인 4개를 얻는다
else if 플레이어가 5개 이상의 정답을 맞혔다
    then 플레이어가 코인 1개를 얻는다
else
    플레이어가 코인 0개를 얻는다
```

7. 지금이 겨울이고 전광판에 다음 코드를 실행한다면, 전광판에 출력될 메시지는 무엇일까?

```
if 지금은 여름이다
    then "수영장 개장!"
else
    "수영장 폐장"
```

정답

1. if 구문은 else if 구문 없이 사용할 수 있다. 그러나 else if 구문은 항상 if 구문 안에 중첩되고, 혼자서는 사용할 수 없다.

2. 거짓

3. 외계인이 플레이어를 공격한다.

4. 조건들이 제각각이면 else if 구문을 사용할 수 있다. 그렇지 않다면 중첩 조건문이 적당하다.

5. if 지금은 여름이다
   then "수영장 개장!" 표시하기

6. 코인 1개

7. "수영장 폐장"

비법노트 **3**장

루프

루프문은 어떤 코드를 여러 번 반복할 때 사용해. 공 튕기기 게임에서 공이 위아래로 튕기는 코드를 일일이 작성해야 한다면(공이 위로 올랐다 아래로 떨어지고, 위로 올랐다 아래로 떨어지고…) 정말 짜증이 날지도 몰라. 그럴 때 반복되는 코드를 루프로 간단하게 처리할 수 있어.

> 1,000번 반복해
>   위로 올랐다 아래로 떨어진다

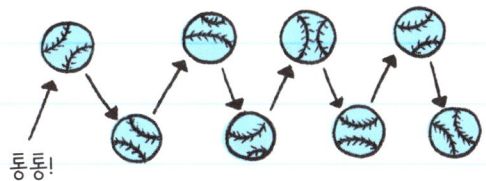

통통!

루프는 프로그래밍 시간뿐만 아니라 프로그램 길이도 줄여 줘. 결과적으로 컴퓨터가 더 가벼워진 프로그램을 실행하는 거야.

41

루프를 만들 때는 다음 질문들에 대답할 수 있어야 해.

★ 무엇을 반복해야 할까?
★ 언제 반복을 끝내야 할까?

루프에는 여러 종류가 있어.

for 루프는 정해진 횟수만큼 알아서 반복해. 그래서 반복할 횟수를 알고 있을 때 유용해. for 루프에는 배열이 함께 사용될 때가 많아.

> 일정한 차례나 간격에 따라 늘어놓은 것

예시: 게임에서 배열로 저장된 상위 열 명의 플레이어를 나열할 때 for 루프를 사용할 수 있어.

> 상위 열 명의 플레이어가 저장된 배열

Top10 = ["player1", "player2", "player3", "player4", "player5", "player6", "player7", "player8", "player9", "player10"]

> for 루프가 시작되고, Top10 리스트에 있는 각 item에 대해 코드가 반복돼.

for item in Top10:

> 반복되는 코드 - Top10 리스트의 각 이름을 출력해.

    print(item)

<mark>while 루프</mark>는 어떤 조건이 충족될 때까지 코드를 반복해.
그래서 반복할 횟수를 잘 모를 때 사용되지. while 루프는 알아서
반복하지 못하기 때문에 반복을 알릴 다른 방법이 필요해.

예시: 퀴즈 게임에서 사용자가 정답을 맞힐 때까지 질문을 반복해
출력할 때 while 루프를 사용할 수 있어.

while 대답이 틀렸다
    사용자에게 "지금 우리나라의 통리는 누구일까?"라고 묻는다
print "맞았어!"

게임에서는 사용자가 정답을 맞힐 때까지
100번이 넘더라도 계속 질문해.

중첩 루프는 루프 안에 다른 루프가 있는 구조야. 반복할 코드가 복잡할 때 사용해.

예시: 중첩 루프를 사용해 게임의 배경 음악을 재생할게. 중첩 루프는 게임이 종료될 때까지 음악을 반복할 수 있어.

안쪽 루프는 작은 드럼이 연주되기 전에 베이스 드럼을 일곱 번 반복해.

바깥쪽 루프

게임이 종료할 때까지 반복한다
　7번 반복한다
　　베이스 드럼을 연주한다
작은 드럼을 연주한다

안쪽 루프

슈도코드에서는 다른 코드 안에 있는(종속된) 코드를 들여 써서 표현해. 들여쓰기는 루프의 시작과 끝을 한눈에 보여 줘. 그래서 코드를 쉽게 읽고 이해할 수 있지.

중첩 루프를 사용할 때는 어느 코드를 반복해야 할지 헷갈릴 수 있기 때문에 조심해야 해.

항상 안쪽 루프의 코드가 먼저 모두 반복되어야 바깥쪽 루프가 새로운 반복을 실행해.

예시: 배경 음악은 다음처럼 연주될 거야.

바깥쪽 루프

베이스 드럼, 베이스 드럼, 베이스 드럼,
베이스 드럼, 베이스 드럼, 베이스 드럼,
베이스 드럼

작은 드럼

안쪽 루프

베이스 드럼, 베이스 드럼, 베이스 드럼,
베이스 드럼, 베이스 드럼, 베이스 드럼,
베이스 드럼

작은 드럼

베이스 드럼, 베이스 드럼, 베이스 드럼,
베이스 드럼, 베이스 드럼, 베이스 드럼,
베이스 드럼

작은 드럼

베이스 드럼은 다음 행의 코드로 넘어가 작은 드럼이 연주되기 전에 모두 일곱 번(안쪽 루프의 반복 횟수) 연주돼. 다음 행의 코드로 넘어가면 바깥쪽 루프가 게임이 끝날 때까지 반복돼.

45

1. while 루프와 for 루프의 다른 점은 무엇일까?

2. 루프 안에 루프가 또 들어간 구조를 _____(이)라고 불러.

3. 어떤 코드를 여섯 번 반복하려면 _____ 루프를 사용해.

4. 다음 코드의 출력 결과는 무엇일까?

```
3번 반복한다
    "점프하기"를 출력한다
    2번 반복한다
        "숙이기"를 출력한다
"미끄러지기"를 출력한다
```

5. 다음 뉴도코드에서 바깥쪽 루프는 언제 반복을 멈출까?

```
while 아이스크림콘의 개수 > 0:
    콘을 받는다
    3번 반복한다
        아이스크림을 푼다
```

6. 중첩 루프에 들여쓰기를 적용하는 것이 유용한 이유는 무언일까?

7. 배열의 내용을 모두 반복 실행하고 싶을 때 사용하는 루프는 무언일까?

정답

1. while 루프는 어떤 조건이 충족될 때까지 코드를 반복한다. 그래서 반복할 횟수를 잘 모를 때 사용한다. 반면 for 루프는 정해진 횟수만큼 알아서 반복한다.

2. 중첩

3. for

4. 점프하기, 숙이기, 숙이기, 점프하기, 숙이기, 숙이기, 점프하기, 숙이기, 숙이기, 미끄러지기

5. 아이스크림콘이 0개일 때

6. 들여쓰기는 루프의 시작과 끝을 한눈에 보여 준다. 그래서 코드를 쉽게 읽고 이해할 수 있다.

7. for 루프

이벤트는 프로그램 안에서 일어난 어떤 일의 원인이 되는 동작을 말해. 이벤트 덕분에 프로그램은 사용자와 상호 작용할 수 있어. 예를 들어 볼까?

- 마우스 클릭하기
- 키 누르기
- 터치스크린 탭하기

이벤트는 프로그램 안에서 일어나는 일을 뜻할 수도 있어. 게임 속 캐릭터가 죽었을 때 '게임 종료' 메시지가 화면에 표시되는 것이 예야.

이벤트는 사용자가 하는 외부 동작일 수 있어. 마우스 클릭처럼 말이지. 웹 페이지를 모두 제대로 표시하는 웹 브라우저 같이 프로그램 속 내부 동작일 수도 있어.

이벤트 처리기는 이벤트가 일어날 때 실행되는 코드야. 게임을 할 때 스페이스바를 누르는 것은 이벤트지만, 스페이스바가 눌리면 게임 속 캐릭터를 점프하게 하는 코드는 이벤트 처리기야.

예시: 과일 썰기 게임에서 다음 슈도코드 같은 코드를 추가할게. 스페이스바가 눌리면 셰프가 칼을 흔드는 코드야.

> 스페이스바가 눌릴 때
> 셰프가 칼을 흔든다

1. 키보드 이벤트의 예를 들어 보자.

2. 이벤트와 이벤트 처리기의 다른 점은 무엇일까?

3. 이벤트가 없다면 앱은 어떤 모습이 될까?

4. 다음 뉴도코드에서 이벤트는 무엇일까?

> 화면을 탭할 때
>   if 플레이어가 풍선을 탭한다
>   풍선을 터뜨린다

5. 다음 뉴도코드에서 이벤트 처리기는 무엇일까?

> 화면을 탭할 때
>   if 플레이어가 풍선을 탭한다
>   풍선을 터뜨린다

정답

1. 이벤트는 프로그램에서 어떤 일이 일어나도록 하는 동작이다. 따라서 키보드 이벤트는 키보드의 키를 누르는 것이다.

2. 이벤트는 프로그램 안에서 일어나는 일을 뜻한다. 사용자가 하는 외부 동작이거나 프로그램 속 내부 동작일 수도 있다. 이벤트 처리기는 이벤트가 일어나면 실행되는 코드이다.

3. 앱이나 모든 대화식 프로그램은 이벤트가 없다면 쓸모없다. 프로그램과 상호 작용을 할 수 없기 때문이다. 결국 프로그램은 그냥 보기만 하는 사진이나 영화처럼 된다.

4. 이벤트는 프로그램이 실행되는 기기 화면에 플레이어가 직접 탭하는 동작이다.

5. 이벤트 처리기는 사용자가 탭한 풍선이 터지는지 확인하는 코드이다.

비법노트 **5**장

프러시저

코드 재사용하기

프러시저는 원할 때마다 얼마든지 손쉽게 사용할 수 있는 코드 조각을 말해. 루프는 어떤 동작을 여러 번 연속해서 반복할 때 유용한 반면, 프러시저는 프로그램 여러 곳에서 같은 코드를 사용할 때 진짜 능력을 발휘하지.

4인용 게임에서 플레이어들이 점프 버튼을 누르면 각 캐릭터가 점프를 해야 한다고 생각해 봐. 이때 점프 프러시저를 만들고 플레이어가 점프 버튼을 누를 때마다 이 프러시저를 실행할 거야.

프러시저
이름이 있고 특정 작업을 수행하는 코드 조각

프러시저 선언하기

프로그래머들은 같은 코드 조각을 복사해 붙여 넣는 대신 그 코드에 이름을 붙여 저장해. 프로그램에서 그 코드의 이름, 즉 프러시저를 사용하면 컴퓨터는 저장한 코드 조각을 사용하라는 것으로 이해하지.

프러시저를 만들려면 이름을 지정하고 프러시저로 사용할 코드를 추가하는 <u>선언부터 해야 해</u>. 이 과정은 1장에서 배운 변수를 선언하는 것과 같아. 변수를 선언할 때도 변수에 이름을 지정하고 값을 저장하거든.

점프 프러시저를 선언하려면 프러시저 이름을 Jump로 하고 캐릭터가 점프하는 코드를 추가해야 해.

> 함수도 코드로 이루어져 있어. '출력하기'처럼 구체적인 작업을 수행하는 것이 함수야.

```
function Jump
    위로 올라가기
    멈추기
    다시 아래로 내려오기
```

1단계: 저장할 코드 파악하기
   위로 올라가기, 멈추기, 다시 아래로 내려오기

2단계: 코드에 이름을 붙이고 저장하기

Jump = 위로 올라가기, 멈추기, 다시 아래로 내려오기

프러시저 호출하기

프러시저 선언은 이름을 붙이고 코드를 저장할 뿐이지 실행까지 하는 건 아니야. 따로 실행하라고 하기 전까지 프러시저는 아무것도 하지 않아. 프로그램에서 프러시저를 사용할 준비가 되었다면 **호출**이라는 과정을 거쳐야 해.

> **호출**
> 프로그램에서 프러시저의 이름을 사용해 그 안의 코드를 실행하는 것

프러시저는 원하는 대로 얼마든지 호출할 수 있어.

플레이어 1이 스페이스바를 누를 때

    Jump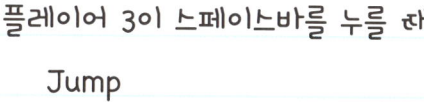

플레이어 2가 스페이스바를 누를 때

    Jump

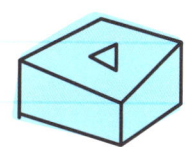

플레이어 3이 스페이스바를 누를 때

    Jump

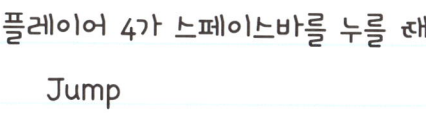

플레이어 4가 스페이스바를 누를 때

    Jump

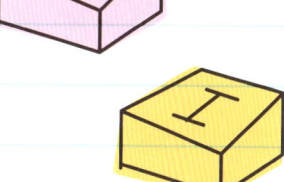

서로 다른 네 가지 이벤트가 일어났지만 Jump라는 하나의 프러시저가 호출되었지? 컴퓨터가 Jump를 읽으면 Jump 함수를 찾아 그 코드를 실행하는 거야.

매개변수와 내주기

매개변수는 그 값이 프러시저로 전달되는 변수야. 프러시저에 한도나 범위 등을 전달하지. "네 번 점프해"처럼 말이야. 매개변수는 프러시저 안에서만 사용된다는 점에서 변수와 달라. 변수는 프로그램 전체에서 사용할 수 있거든.

매개변수 입력은 함수가 어떻게 동작하느냐에 따라 바뀔 수 있어.

예시: 우주 전투 게임에서 우주선의 레이저 발사 장면을 떠올려 봐. 레이저는 사용자가 원하는 방향에 맞춰 발사할 수 있어야 해. 그럴 때 레이저 함수 입력은 사용자가 겨냥한 위치가 될 거야. 그러면 사용자가 우주선에서 레이저를 발사할 때마다 방향을 바꿀 수 있어.

> x와 y는 함수에 입력되는 xy좌표야.
> 사용자가 겨냥하는 방향을 가리키지.

function Shoot_Laser(x, y):
    우주선 옆에 레이저 그래픽 표시하기
    while 게임이 진행되고 있다
        (x, y) 방향으로 이동하기

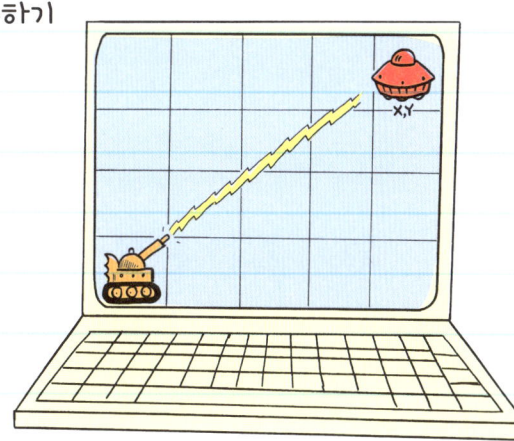

프로시저나 함수는 **값을 내주기**도 해. 내주는 값은 프로시저의 출력이야. 프로시저는 할 일을 마칠 때마다 매번 다른 값을 내줘.

매개변수와 내주는 값이 하나의 함수에서 사용될 때도 많아.

예시: 게임 플레이어의 평균 반응 속도를 계산하는 프로시저를 만들어 볼게. 이 프로시저의 매개변수는 플레이어의 반응 횟수일 거야. 내주는 값은 모든 플레이어의 반응 평균 횟수가 되겠지.

> 해야 할 작업이야.

> 작업을 수행하는 방법이야.

function Average_Time(Player_Times_array):
    Average = Player_Times_array의 모든 횟수의 합
        배열의 항목 개수만큼 나누기
    Average 내주기

> 작업 결과야.

> Average_Time 함수가 호출되면 이 함수는 플레이어의 평균 시간에 해당하는 값을 내줄 거야.

1. 얼마든지 원할 때마다 손쉽게 사용할 수 있는 코드 조각을 _____(이)라고 해.

2. 프러시저에 매개변수를 사용하면 좋은 점은 무엇일까?

3. 프러시저의 출력을 _____ 값이라고 해.

4. 프로그램에서 같은 코드 조각을 여러 번 사용하려면 해당 코드를 _____ 또는 _____(으)로 만들어야 해.

5. 다음 함수가 내주는 값은 무엇일까?

   ```
   score = 5
       function Score_Bonus(score):
           return score + 10 내주기
   ```

정답

1. 프러시저

2. 같은 코드를 여러 번 재사용할 수 있다. 이때 사용할 데이터가 달라도 괜찮다.

3. 내주는

4. 프러시저, 함수

5. 15

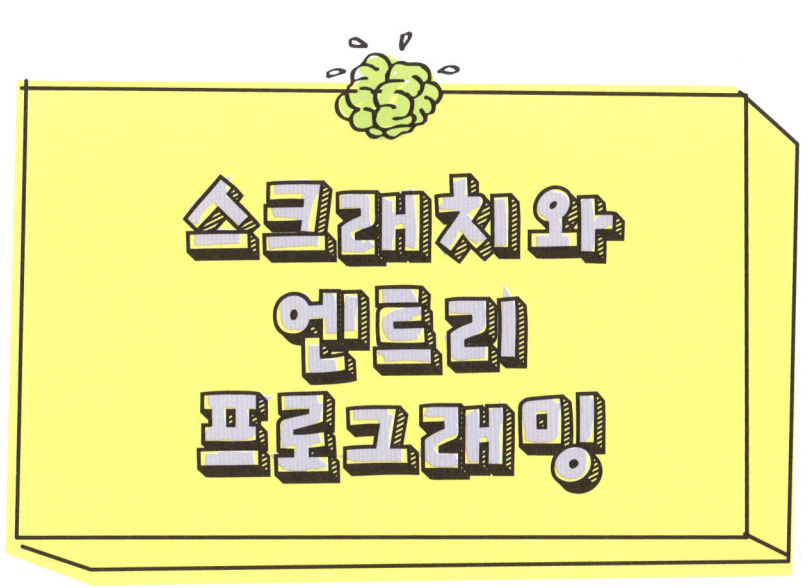

스크래치 시작하기

스크래치 시작하기

스크래치는 그래픽 기반의 무료 프로그래밍 언어야.

- 명령을 직접 입력하지 않아도 되기 때문에 쉽게 사용할 수 있는 프로그래밍 언어야.

- 미리 코딩된 **블록**을 이어 붙여서 스크립트, 즉 프로그램을 만드는 방식으로 동작해.

- 게임이나 대화형 스토리를 만들 때 아주 유용해.

> **블록**
> 블록은 코드가 포함된 그래픽이야.
> 퍼즐 조각처럼 블록을 모양에 맞게 이어 붙여 사용해.

블록

스크래치에서는 블록을 서로 이어 붙여 프로그램을 만들어. 일일이 명령을 입력하지 않아도 되지. 블록 자체가 코드라서 그저 블록을 이어 붙이기만 하면 돼. 그러면 맨 위에 있는 블록부터 아래로 코드가 실행되는 거야.

블록은 이렇게 생겼어.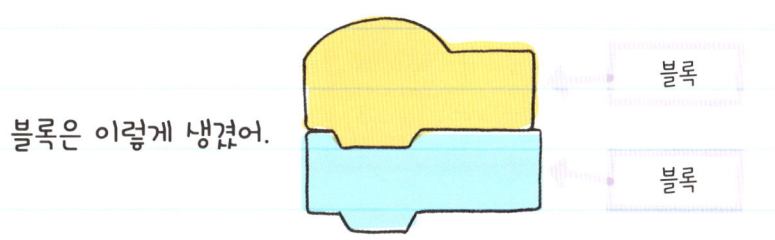

블록은 퍼즐 조각처럼 서로 모양이 들어맞고, 비슷한 동작을 하는 것들끼리 카테고리별로 구분되어 있어. 모두 여섯 가지 모양이 있는데 들어맞는 방식이 조금씩 달라. 블록 모양은 블록이 하는 일과 아무런 상관이 없어. 그저 다른 블록과 조립하는 방식에만 영향을 줘.

일단 블록을 쌓아서 화면 속 캐릭터가 화면을 가로지르는 간단한 프로그램부터 만들어 볼게. 경험이 쌓이면 수백 개의 블록을 조립해 레벨 형식의 게임 같은 길고 복잡한 프로그램도 거뜬하게 만들 수 있을 거야.

블록 메뉴에서는 모든 블록을 아홉 개 카테고리로 분류해. 카테고리마다 다른 색으로 작은 원이 표시되어 있지.

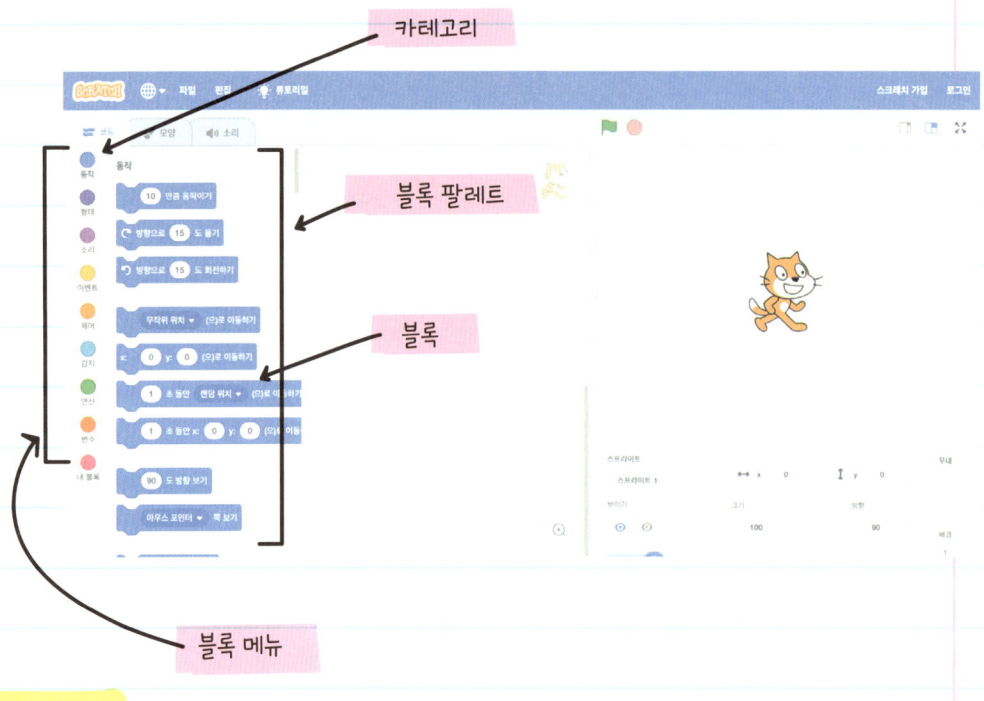

비슷한 일을 하는 블록들이 카테고리에 들어 있어.

- **동작과 형태, 소리** 블록은 프로그램에서 물체와 물체가 하는 일을 제어해.

- **변수**와 **연산** 블록은 정보를 저장하고 관리해.

- **이벤트**와 **감지** 블록은 특정 동작이 일어나도록 해.

- **제어** 블록은 스크립트, 즉 프로그램 진행 과정을 제어해.

- **내 블록**에는 블록을 만들어 저장할 수 있어.

스크립트

연결된 블록 전체를 **스크립트**라고 해. 스크립트는 아주 기본적인 블록 두 개일 수도 있고, 백만 개가 넘게 쌓인 블록일 수도 있어. 스크립트는 몇 개가 모여 있더라도 서로 합쳐져 하나의 프로젝트가 돼. 레벨 형식의 게임처럼 규모가 큰 프로젝트라면 스크립트가 무척 길 거야.

스크립트를 만든다는 건 블록을 서로 이어 붙이거나 어떤 블록 안에 다른 블록을 끼워 넣는 것을 말해.

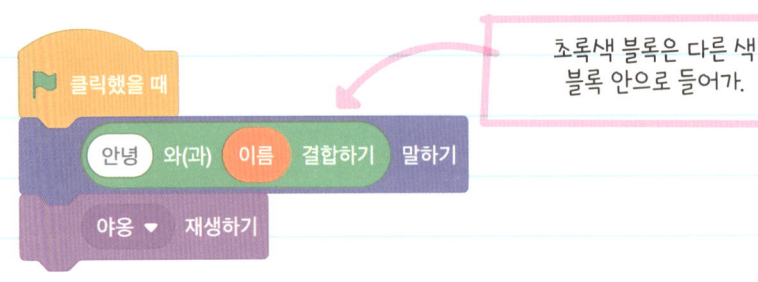

초록색 블록은 다른 색 블록 안으로 들어가.

스크립트는 **스크립트 영역**에서 만들어.

스크립트 영역
블록들을 조립해 스크립트를 만드는 화면 공간

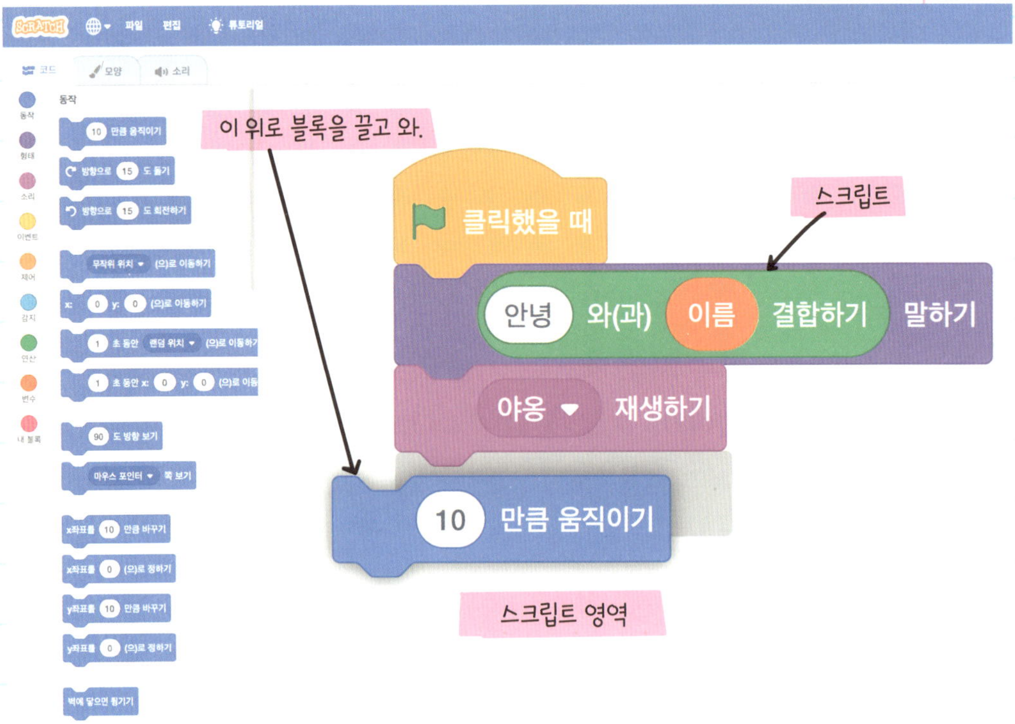

이 위로 블록을 끌고 와.

스크립트

스크립트 영역

스크립트 영역에서 우 클릭을 하고
'주석 넣기'를 선택하면
주석을 입력할 수 있어.
주석은 코드가 어떤 일을 하는지
적어 둔 메모와 비슷해. 그래서
다른 사람들과 코드를
공유할 때 무척 유용해.

주석은 코드가 아니기 때문에 실행되지 않아.

예시: 게임에서 플레이어의 체력 포인트가 서서히 줄어드는 코드를 만들었다고 생각해 봐. 나중에 참고하기 위해서 '독을 먹으면 플레이어의 체력이 10초마다 5포인트씩 줄어드는 코드'라고 주석을 넣을 거야.

스크래치의 주석은 이런 모습이야.

독을 먹으면 플레이어의 체력이 10초마다 5포인트씩 줄어드는 코드

스크래치 온라인 버전을 사용한다면 스크립트를 개인 저장소 영역에 저장해 둘 수도 있어.

개인 저장소에 보관해 둔 스크립트는 다른 프로젝트를 만들 때 다시 꺼내어 사용할 수 있기 때문에 시간과 노력을 줄일 수 있어.

예시: 캥거루 점프 게임을 만든다고 생각해 봐. 예전에 비슷한 토끼 점프 게임을 만든 적이 있다면, 그 게임을 열고 점프하는 스크립트를 개인 저장소로 옮겨. 이제 캥거루 게임을 열고 개인 저장소에 저장해 둔 점프 스크립트를 꺼내 가져오면 끝!

이 토끼 스크립트는 꼭 쓸모 있을 거야. 여기에 잘 보관해야지.

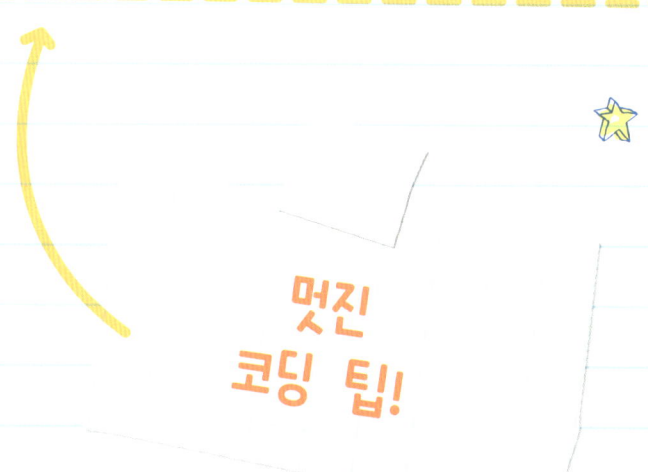

멋진 코딩 팁!

스프라이트

스프라이트는 프로그램에서 사용하는 캐릭터나 사물을 가리키는 용어야. 블록으로 스프라이트를 제어할 수 있어.

스크래치는 여러 가지 스프라이트를 모아 놓은 라이브러리를 제공해. 물론 우리가 직접 스프라이트를 그리거나 내 스프라이트를 업로드할 수도 있어.

<u>스프라이트 리스트</u>는 프로젝트에 사용한 스프라이트가 표시되는 곳이야. 스프라이트마다 **섬네일 이미지**로 표시되지.

> **섬네일 이미지**
> 원본 이미지의 작은 버전

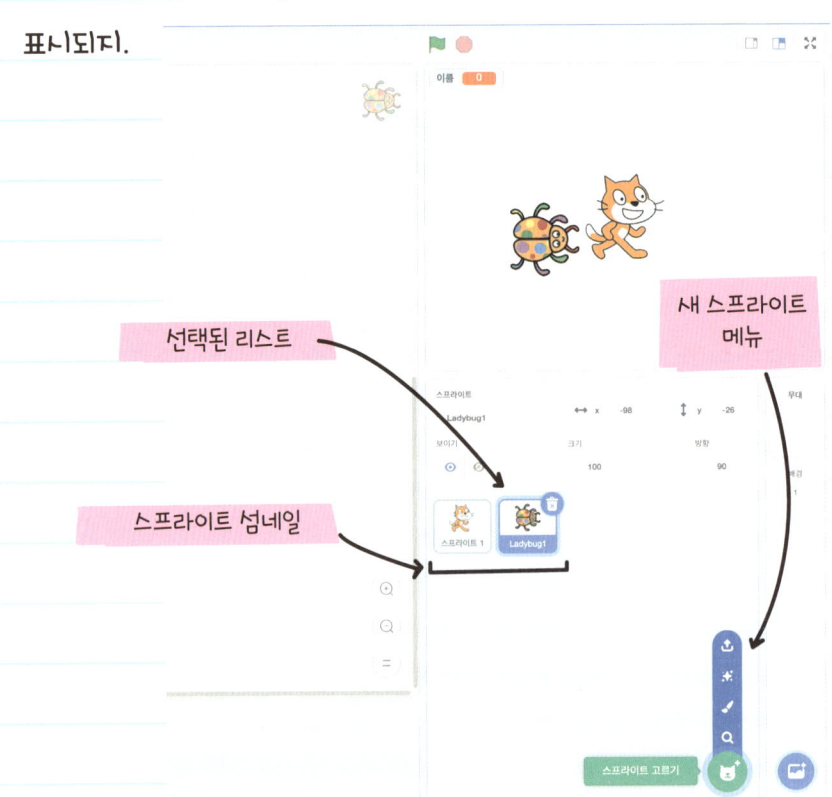

70

프로그램에 스프라이트가 여럿일 때 스프라이트의 모양을 수정하거나 소리를 넣고 싶다면 스프라이트 섬네일을 클릭해서 원하는 스프라이트를 선택해. 그래야 스크립트를 제대로 작성할 수 있어.

스프라이트를 새로 추가하고 싶을 때는 새 스프라이트 메뉴를 사용해. 메뉴에 마우스를 올리면 스프라이트를 고를 수도 있고 직접 그릴 수도 있어. 또 스프라이트를 클릭해 스크래치가 무작위로 골라 준 스프라이트를 사용할 수도 있어. 이미 만들어 둔 스프라이트가 컴퓨터에 있다면 스크래치로 업로드할 수도 있지.

모양
스프라이트의 겉모습을 바꿀 때 사용하는 이미지들

모양

스프라이트의 **모양**을 다양하게 바꿀 수 있어. 모양은 스프라이트의 겉모습이야. 팔다리가 어떤 위치에 있는지, 무엇을 입고 어떤 크기인지 등이 모양의 예야. 모양은 스프라이트의 애니메이션을 만들 때 쓸모가 많아. 플립 북도 쉽게 만들 수 있지.

예시: 스프라이트가 움직이는 것처럼 보이도록 다음과 같이 세 개의 모양을 준비했어.

모양은 모양 탭에서 편집할 수 있어.

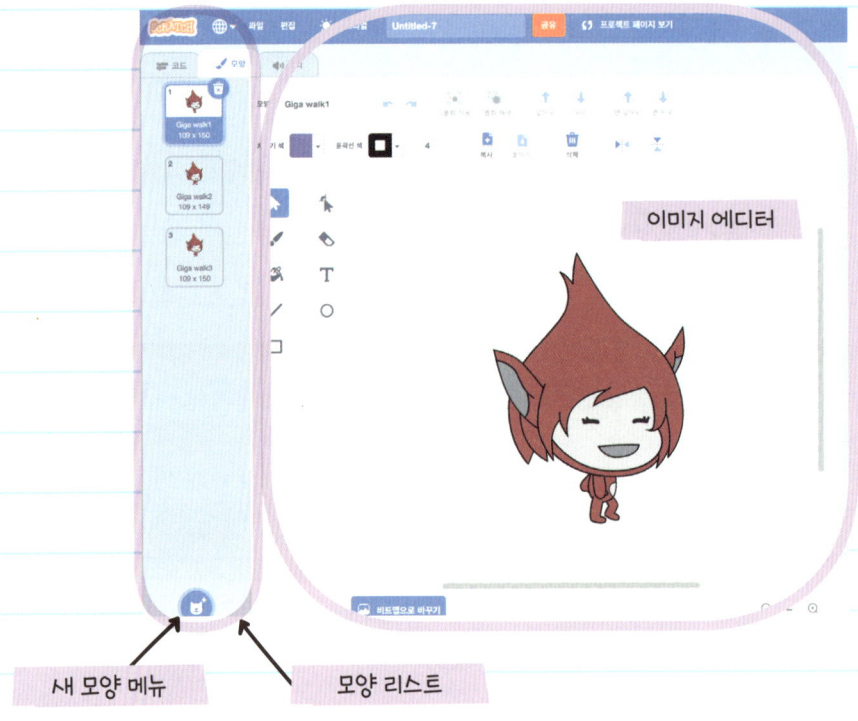

모양 리스트는 스프라이트의 모양을 섬네일로 표시해.
내 모양 메뉴에서 다음 일들을 할 수 있어.

- 라이브러리에서 모양 고르기
- 직접 모양 그리기
- 모양 파일을 업로드하기

스프라이트 리스트에서 스프라이트를
선택하면 그 스프라이트의 모양을 볼 수 있어.

이미지 에디터는 새 모양을 그리거나 기존 모양을 편집할 때 유용한 도구들을 제공해. 모양은 **비트맵** 방식으로도 **벡터** 방식으로도 그릴 수 있어. 어느 방식으로 그려도 결과물은 같지만, 이미지 구조와 쓰임새가 달라.

비트맵 방식: 모양을 그릴 수 있는 도구들이 직관적이야. 어떤 도구를 사용하면 될지 바로 알 수 있어. 붓, 선, 원, 직사각형, 텍스트, 채우기 색, 지우개 등이 제공되지. 이 방식으로 그림을 그리면 확대했을 때 깨져 보이는 게 단점이야.

벡터 방식: 모서리를 잡아당겨 도형을 추가하거나 크기를 조절하고 다른 도형으로 바꿀 수 있어. 벡터 모드에서는 확대해도 깨지지 않는 매끄러운 그래픽을 만들 수 있어. 전체 화면에서도 깔끔하게 보이는 스프라이트가 필요할 때 제격이야.

소리

소리 탭에서는 스프라이트에 소리 효과를 적용할 수 있어.

소리 리스트는 현재 선택된 스프라이트에 사용할 수 있는 모든 소리를 나타내. 내 소리 메뉴 라이브러리에서 원하는 소리를 고르거나 음악을 업로드해 추가할 수 있어. 직접 녹음해서 사용할 수도 있지.

소리 에디터는 소리를 편집할 수 있는 도구야.
화면에 보이는 이상한 모양이 바로 소리를 나타내. 소리가 바뀌면 이 모양도 바뀌어.

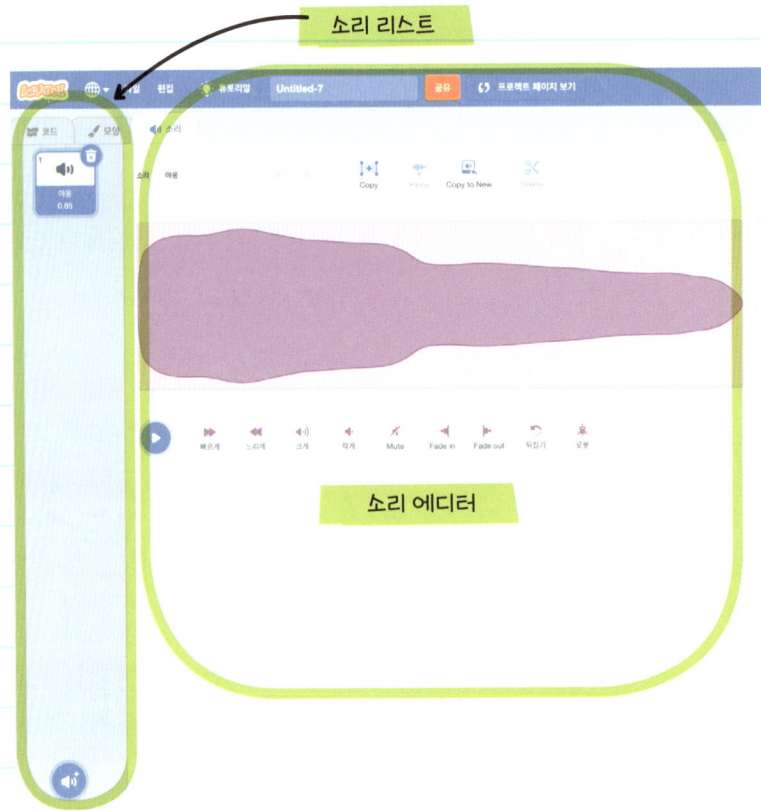

무대 설정하기

무대는 스크립트의 실행 결과가 보이는 곳이야. 토록색 깃발과 정지 신호는 각각 프로그램을 시작하고 끝내는 버튼이야.

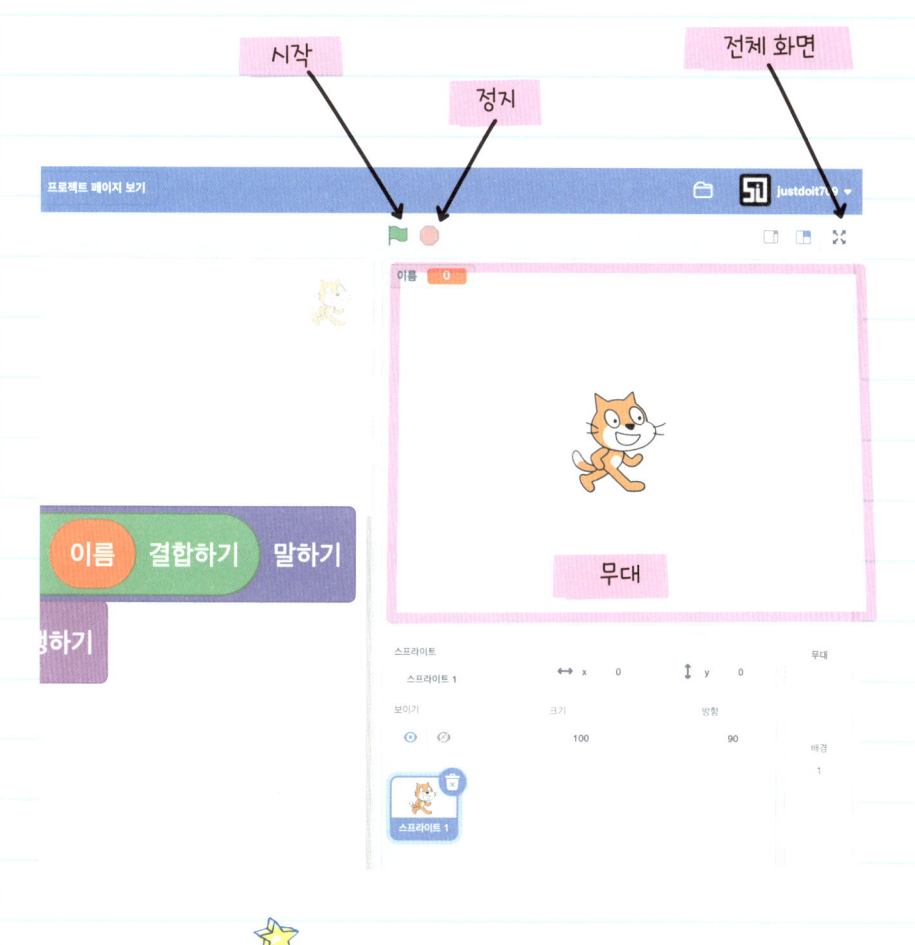

스프라이트가 무대를 돌아다닐 때는 수학의 좌표계 같은 그리드 시스템을 바탕으로 위치를 나타내. 수학에서처럼 x좌표와 y좌표를 사용하지.

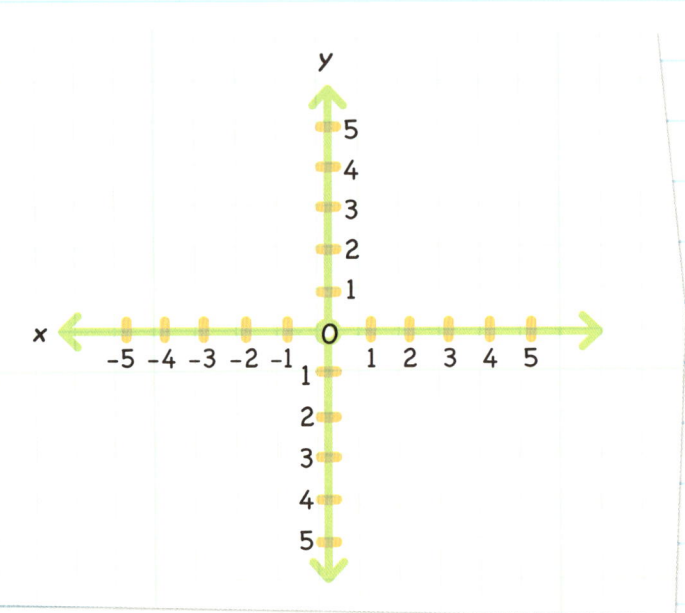

무대 중앙의 x좌표와 y좌표는 (0, 0)이야. 무대는 가로세로가 360x480인 직사각형이지.

동작 블록은 스프라이트를 이곳저곳으로 움직여. 스프라이트의 x좌표와 y좌표를 바꿀 수 있는 블록들이지.

예시:

 블록은 x축을 따라 스프라이트를 10만큼(오른쪽으로 10만큼) 움직여. 10을 -10으로 바꾸면 x축 방향으로 -10만큼(왼쪽으로 10만큼) 움직이지. 'y좌표를 ( ) 만큼 바꾸기' 블록은 y축을 따라 스프라이트를 위아래로 움직여.

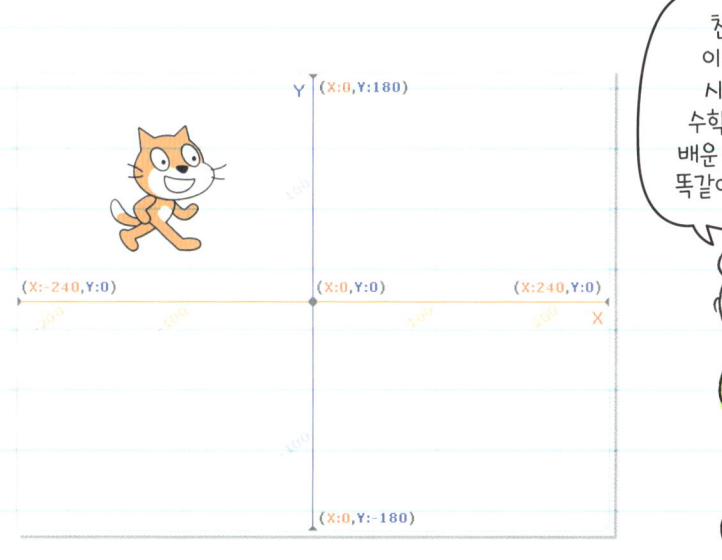

친구야, 이 그리드 시스템은 수학 시간에 배운 좌표계와 똑같이 생겼어.

무대의 배경이 되는 이미지를
배경이라고 해. 오른쪽 아래 무대에서
배경 섬네일을 클릭하면 배경에
적용할 스크립트를 만들 수 있어.
그리고 왼쪽 상단의 모양 탭이 배경 탭으로 바뀌지.
배경 탭에서는 여러 도구를 사용해 배경을 편집할 수 있어.
스크립트나 배경, 소리 등을 새로 추가할 수도 있지.

팁: 배경에 음악을 넣으면 게임을 하는 동안 음악이 흘러나올 거야.

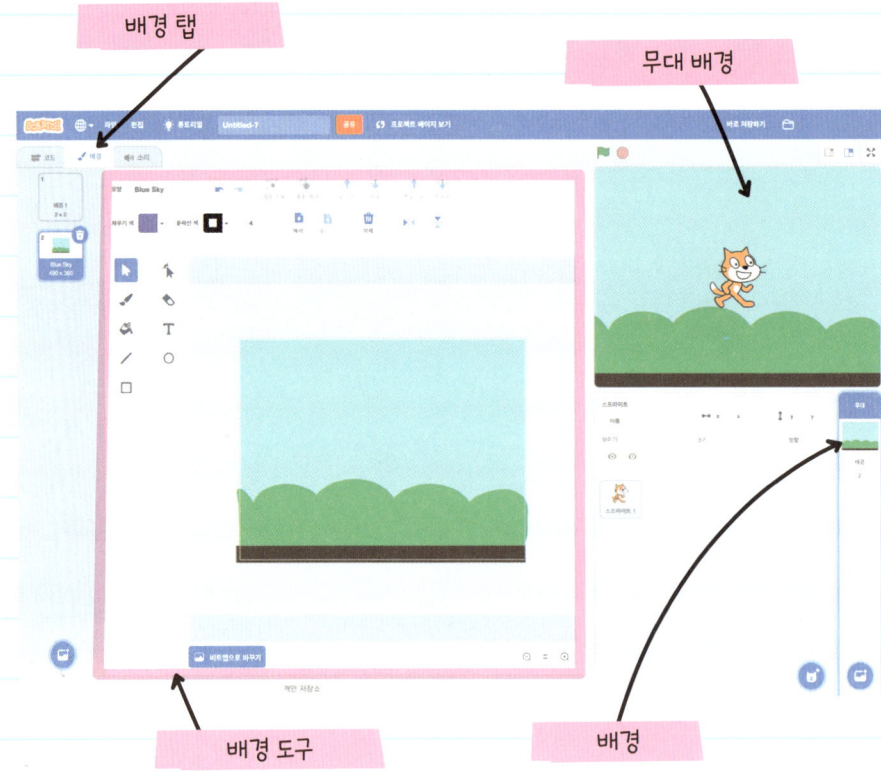

배경 탭

무대 배경

배경 도구

배경

프로젝트 공유하기

스크래치 온라인 버전에서는 프로젝트를 게시하고 커뮤니티에서 공유할 수 있어. 공유한 프로젝트는 전 세계 누구나 스크래치 웹 사이트에서 볼 수 있지.

프로젝트를 공유하면 프로젝트 페이지에 다른 사람들이 질문이나 피드백 등을 댓글로 남길 수 있어. 프로젝트 페이지는 프로젝트마다 따로 만들어지는데, 제작자는 그곳에 사용 방법이라든가 참고 사항, 참여자 등을 표시할 수 있어.

확장 기능

확장 기능은 팔레트에 새로운 블록을 추가할 때 사용해.

> **확장 기능**
> 음악, 배경 등 더 많은 동작을 할 수 있는 새로운 블록을 추가할 수 있는 기능

확장 기능은 다음 블록들을 포함해.

★ 악기처럼 음표를 연주할 수 있는 음악 블록
★ 무대에 직접 그림을 그릴 수 있는 펜 블록
★ 비디오 감지나 텍스트 음성 변환, 번역 같은 상호 반응형 기능을 추가할 수 있는 블록

★ 스크래치에서 마이크로비트나 레고 마인드스톰 EV3, 레고 위두 2.0 같은 전자 장치를 프로그래밍할 수 있는 블록

예시: 마인드스톰 EV3 키트로 레고 로봇을 만든다면, 컴퓨터에 연결해서 스크래치로 이 로봇을 움직일 수 있지.

비법노트 장

엔트리는 스크래치와 닮은 데가 무척 많은 프로그래밍 언어야. 블록의 종류나 이름이 조금 다를 뿐 사용 방법이나 동작 방식은 거의 같아. 스크래치와 다른 점이 무엇인지 알아볼까?

블록

★ 물체와 물체가 하는 일을 제어하는 블록은 움직임과 생김새, 소리에 있어.
★ 정보를 저장하고 관리하는 블록은 자료와 계산에 있어.
★ 특정 동작이 일어나도록 하는 블록은 시작과 판단에 있어.
★ 스크립트, 즉 프로그램의 진행 과정을 제어하는 블록은 흐름에 있어.
★ 직접 블록을 만들고 저장할 수 있는 재료는 함수에서 제공해.
★ 스크래치에 없는 블록이 몇 개 더 있어.

스크립트

나의 보관함은 스크래치의 개인 저장소와 같아. 나의 보관함에 스크립트를 보관해 두면 다른 프로젝트를 만들 때 다시 꺼내어 사용할 수 있기 때문에 시간과 노력을 줄일 수 있어.

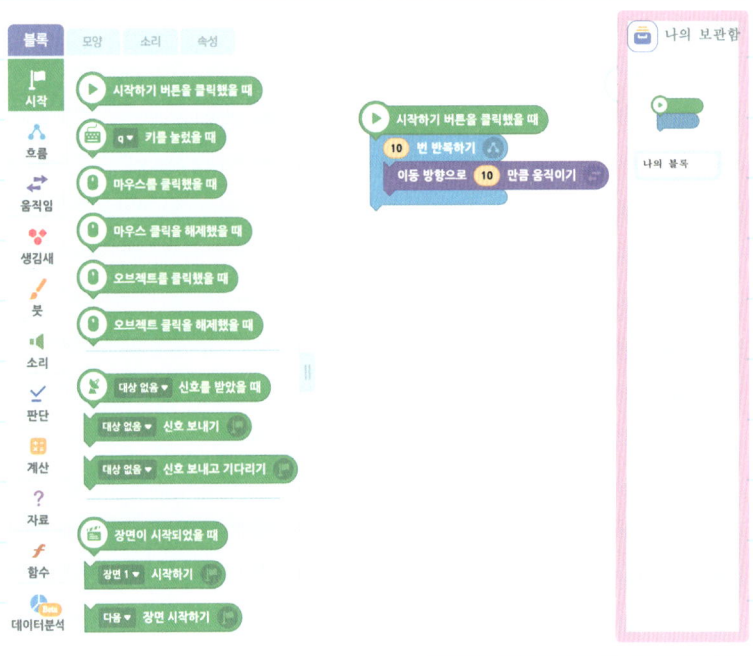

스프라이트

스크래치에서는 고양이가 기본 스프라이트였지? 엔트리에서는 엔트리봇이라는 스프라이트가 기본으로 등장해. 엔트리에서도 스프라이트의 모양을 모양 탭에서 원하는 대로 편집할 수 있어.

장면 만들기

장면은 스크래치의 무대와 비슷해. 스크립트의 실행 결과를 확인할 수 있는 곳이지.

프로젝트 공유하기

엔트리도 온라인 버전에서는 프로젝트를 공유할 수 있어. 전 세계 친구들과 함께 프로젝트를 만들어 보면 어떨까?

확장 기능

엔트리에서는 다음과 같은 확장 블록들을 사용할 수 있어.

★ 기온이나 강수량, 미세 먼지 농도 같은 정보를 다룰 수 있는 날씨 블록
★ 생활 속 안전을 위해 국민이 지켜야 하는 행동요령을 스크립트에 추가할 수 있는 생활 안전 국민행동요령 블록
★ 자연 재난이 발생했을 때 국민이 지켜야 하는 기본적인 행동요령을 스크립트에 추가할 수 있는 자연 재난 국민행동요령 블록
★ 다양한 행사와 축제를 스크립트에 추가할 수 있는 행사 블록

잠깐만! 내 모양 좀 먼저 바꾸고!

1. 스크립트란 무엇일까?

2. 블록은 어디에 사용할까?

3. 스크립트 영역은 어디에 어떻게 사용할까?

4. 다른 프로젝트에서 꺼내어 쓸 수 있도록 스크립트를 저장할 수 있는 스크래치 기능과 엔트리 기능은 각각 무엇일까?

5. 다음 중 스크립트 영역에 게시하기에 적당하지 않은 주석은 무엇일까?
   A. 이 프로젝트 대박이야!
   B. 고양이를 선인장 위에 어떻게 앉게 했어?
   C. 멋진 프로젝트야! 직접 고칠 건. 레벨 2에서 버그를 찾았어.
   D. 정말 시간 낭비군. 지금 당장 코딩을 포기하는 게….

6. 스크래치에서 다음 블록이 실행되면 스프라이트는 무대에서 어떻게 움직일지 말해 보자.

   A. `y좌표를 100 만큼 바꾸기`

   B. `x: 0 y: 0 (으)로 이동하기`

   C. `x좌표를 100 만큼 바꾸기`

7. 무대란 무엇일까?

8. 스프라이트 리스트에서 프로젝트에 사용한 스프라이트는 어떻게 표시될까?

9. 스크래치 커뮤니티에 참여하는 방법은 무엇일까?

10. 엔트리의 장면은 스크래치의 무엇과 비슷할까?

정답

1. 스크립트는 연결된 블록 전체를 말한다. 블록이 두 개가 쌓이든 수십, 수백 개가 쌓이든 전부 스크립트라고 부르며 스크립트가 모여 하나의 프로젝트가 된다.

2. 블록은 코드를 나타낸다. 스크래치나 엔트리에서는 일일이 명령을 입력하지 않고 블록을 이어 붙여 사용한다.

3. 스크립트 영역은 블록들을 조립해 스크립트를 만드는 공간이다. 블록 팔레트에서 블록을 스크립트 영역으로 끌어다 서로 끼워 맞추면 스크립트가 된다.

4. 스크래치: 개인 저장소, 엔트리: 나의 보관함

5. D

6. A. 스프라이트는 위로 100만큼 이동한다.
   B. 스프라이트는 화면 중앙으로 이동한다.
   C. 스프라이트는 오른쪽으로 100만큼 이동한다.

7. 스크립트의 실행 결과가 보이는 곳이다.

8. 섬네일 이미지

9. 프로젝트를 게시하고 커뮤니티와 공유한다. 다른 사람이 올린 프로젝트에 질문이나 피드백 등을 댓글로 남긴다.

10. 무대

비법노트 **7-1**장

스크래치 기본 알고리즘

스크래치에서 프로그램을 실행하면 맨 위 블록부터 하나씩 맡은 일을 끝내. 스크립트는 맨 위 블록에서 시작해 맨 아래 블록에서 끝나는 거야.

> 알고리즘은 작업을 수행하는 단계별 리스트야.

스크립트를 실행하는 방법은 두 가지야.

- 스크립트 안에 있는 블록 중 어느 곳이든 클릭해 봐. 스크립트 전체가 실행될 거야.

- 이벤트 블록을 사용해.

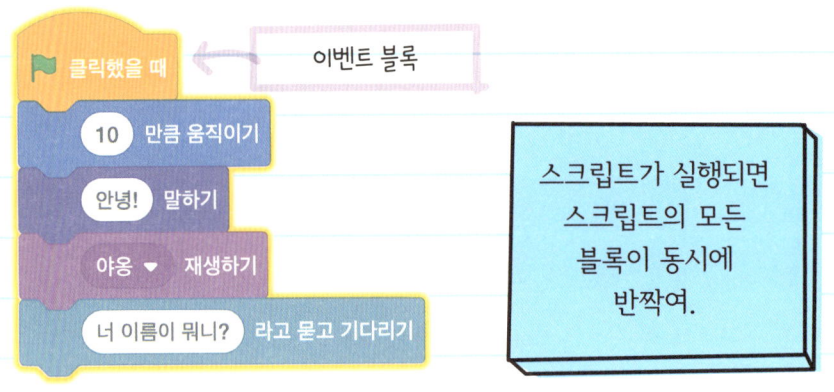

스크립트가 실행되면 스크립트의 모든 블록이 동시에 반짝여.

블록의 종류

가장 많이 사용하는 블록은 **모자** 블록과 **쌓기** 블록이야.

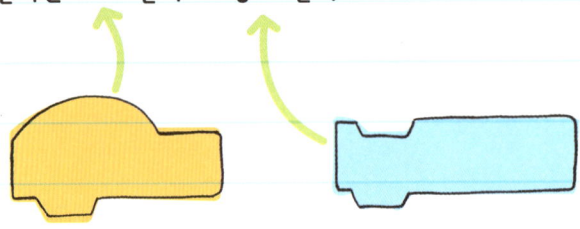

모자 블록은 스크립트의 시작점이야. 위쪽에 패인 곳이 없어서 다른 블록 밑으로 들어갈 수 없어.

모자 블록은 스크래치에서 **이벤트 처리기**이기도 해. 이벤트를 주시하고 있다가 이벤트가 일어나면 곧바로 실행되거든.

사용자가 초록색 깃발을 클릭하면 자기 밑으로 연결된 블록들을 실행하지.

사용자가 키보드의 키를 누르거나 스프라이트를 클릭하는 것이 이벤트의 예야.

쌓기 블록은 직사각형 모양 블록이야. 다른 블록에 연결되지.

고양이 움직이기

새로 만든 프로젝트의 기본 스프라이트는 **스크래치 고양이**야. 스프라이트는 동작 카테고리의 블록들에 맞춰 무대 여기저기로 움직일 수 있어.

89

걷기

이 스크립트는 초록색 깃발을 클릭하면
스크래치 고양이가 앞으로 10만큼 움직여.

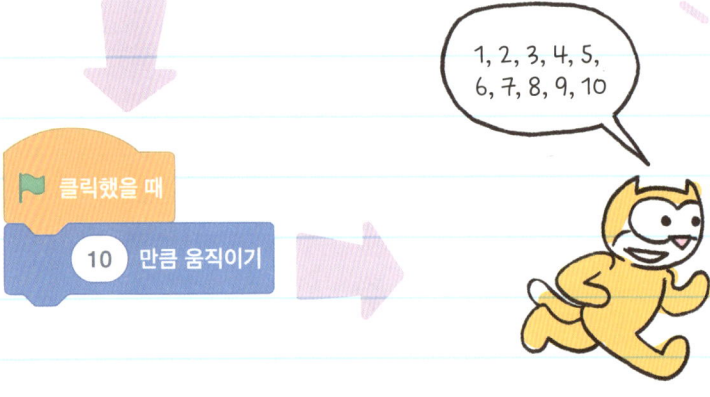

어떤 블록은 그 안에 필드라는 공간이 있어서 숫자나 텍스트를
입력할 수 있어.

이런 필드를 **매개변수**라고 해. 필드를 클릭하면 숫자나
텍스트를 수정할 수 있어.

[10 만큼 움직이기]   매개변수(여기에 입력)

매개변수는 더 많은 정보를 블록에 넘겨주기 때문에 블록의 실행 결과를 더 구체적으로 다듬을 수 있어. ( ) 말하기 블록을 사용해서 다음처럼 말하게 할 수 있지.

모든 블록이 매개변수를 가지지는 않아.
어떤 블록은 수행하는 명령이
그대로 이름이 되기도 해.

이 스크립트는 초록색 깃발을 클릭할 때마다
스크래치 고양이가 앞으로 10만큼 움직인
다음 모양을 바꿔.

91

바로 앞 스크립트에서 초록색 깃발을 계속 클릭하면 스크래치 고양이가 무대를 걷는 장면이 연출될 거야. 아래는 초록색 깃발을 세 번 클릭해 고양이가 움직이는 모습을 나타낸 거야.

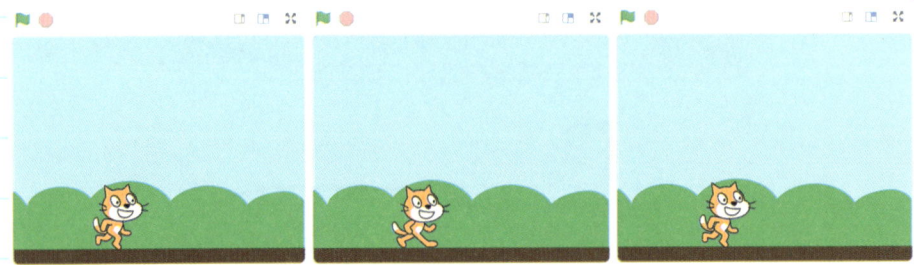

스프라이트가 직진만 하지는 않아. 스크래치 고양이를 원 모양으로 움직이려면, 시계 방향으로 (15) 도 돌기 블록을 스크립트 끝에 추가하면 돼. 이제 초록색 깃발을 24번 클릭하면 스크래치 고양이가 원을 그릴 거야. 이때 펜 내리기 블록을 사용해야 원을 그릴 수 있어.

초록색 깃발을 24번 클릭한 이유가 있어. 원은 360도이고, 한 번에 15도씩 도니까 스크립트가 360을 15로 나눈 값인 24번 클릭해야 원이 그려지는 거야.

스크래치 고양이가 더 큰 원이나 작은 원을 그리려면 ( ) 만큼 움직이기 블록과 시계 방향으로 ( ) 도 돌기 블록에서 매개변수를 다른 값으로 바꿔. 더 큰 원을 그리려면 ( ) 만큼 움직이기 블록의 매개변수를 30으로 바꾸거나 시계 방향으로 ( ) 도 돌기 블록의 매개변수를 15에서 5로 바꾸는 거지. 5도로 바꾸면 초록색 깃발을 72번 클릭해야겠지? 이제 더 큰 원이 그려질 거야.

펜 카테고리의 블록은 무대에 도형을 그릴 때 사용해.
펜 내리기 블록은 스프라이트가 움직일 때마다 지나온 길에 선을 그려.

> 펜 블록을 스크래치에 추가하려면 화면 왼쪽 아래에 있는 확장 기능 메뉴를 클릭해서 펜 카테고리를 추가해야 해.
> 펜 카테고리가 추가되면 블록 메뉴에서 펜 블록이 모두 보일 거야.

블록은 스크립트의 중간에도 끼워 넣을 수 있어. 스크립트는 맨 위 블록부터 맨 아래 블록까지 블록별로 하나씩 실행돼. 따라서 스프라이트가 움직이는 곳마다 지나온 길에 선을 그리려면 스크래치 고양이가 움직이기 전에 **펜 내리기** 블록이 실행되어야 해. 이 블록을 스크립트 끝이 아니라 중간에 끼워 넣어 볼까?

블록을 스크립트 안에 끼워 넣으려면

1. 끼워 넣을 블록을 원하는 곳으로 끌고 와. 블록이 들어갈 수 있는 틈과 그림자가 나타나.

2. 블록을 그 자리에 떨궈.

블록이 이 자리로 들어가.

이동하기

스프라이트를 무대 이곳저곳으로 움직이게 하는 또 다른 방법은 바로 동작 카테고리에 있는 ( ) 초 동안 x: ( ) y: ( ) (으)로 이동하기 블록이야. ( ) 만큼 움직이기 블록이 스프라이트를 순간적으로 움직이는 데 반해, ( ) 초 동안 x: ( ) y: ( ) (으)로 이동하기 블록은 정해진 시간에 걸쳐 내 위치로 스프라이트를 움직여. 첫 번째 매개변수는 스프라이트가 움직일 시간이고, 나머지 매개변수는 무대에서 움직일 정확한 위치야.

`1 초 동안 x: -50 y: 50 (으)로 이동하기`

= 1초 동안 (-50, 50)까지 이동하기

또 다른 이동 블록인 x: ( ) y: ( ) (으)로 이동하기는 스프라이트를 무대에서 특정 지점으로 순식간에 움직여. x 매개변수 필드와 y 매개변수 필드에 각각 50을 입력하면 스크래치 고양이는 순식간에 (50, 50)으로 점프해.

다음 페이지로 이동해 볼까?

예시: 다음은 스크래치 고양이가 정사각형을 그리는 스크립트야.

1 🏁 클릭했을 때   1번 블록: 초록색 깃발을 클릭하면 스크립트를 실행해.

2 x: 50 y: 50 (으)로 이동하기   2번 블록: 스프라이트가 (50, 50)으로 점프해.

3 모두 지우기   3번 블록: 이전에 펜으로 그린 모든 것을 지워.

4 펜 내리기   4번 블록: 스프라이트가 지나온 길에 선 그을 준비를 해.

5 1 초 동안 x: -50 y: 50 (으)로 이동하기

6 1 초 동안 x: -50 y: -50 (으)로 이동하기

7 1 초 동안 x: 50 y: -50 (으)로 이동하기

8 1 초 동안 x: 50 y: 50 (으)로 이동하기

5번~8번 블록: 스프라이트가 정사각형의 네 변을 그려.

디버깅 전략

프로그램이 프로그래머의 의도대로 실행되지 않을 때가 많아. 다음은 문제를 해결하는 디버깅 전략이야.

> 1권 3장에서 배웠어.

- 한 번에 하나씩 블록을 검토해. 블록마다 소리 내어 읽으며 어떤 일을 하는지 생각해.

- 처음부터 스크립트 전체를 검토하려고 하지 말고 작은 스크립트로 쪼개야 해. 작은 스크립트가 아무 문제없이 실행되는지 확인한 다음 블록을 추가해. 또 오류가 있는지 계속해서 확인해.

- 스크립트가 하는 일이 무엇인지 주석을 추가하고, 이 주석을 바탕으로 원래 하려던 일을 하는지 검토해.

- 위의 전략 중 한 가지를 함께 적용해 보자고 친구들에게 부탁해.

블록의 종류와 하는 일

동작

동작 블록은 스프라이트를 움직일 때 사용해.

`10 만큼 움직이기`

( ) 만큼 움직이기: 스프라이트가 앞으로 움직이는 쌓기 블록

`방향으로 15 도 돌기`

오른쪽 방향으로 ( ) 도 돌기: 스프라이트가 시계 방향(오른쪽)으로 회전하는 쌓기 블록

`방향으로 15 도 회전하기`

왼쪽 방향으로 ( ) 도 회전하기: 스프라이트가 반시계 방향(왼쪽)으로 회전하는 쌓기 블록

`x: 0 y: 0 (으)로 이동하기`

x: ( ) y: ( ) (으)로 이동하기: 스프라이트가 xy좌표 위치로 점프하는 쌓기 블록

`무작위 위치 ▼ (으)로 이동하기`

( ) (으)로 이동하기: 스프라이트가 마우스 포인터 쪽이나 무작위 위치로 점프하는 쌓기 블록

`마우스 포인터 ▼ 쪽 보기`

( ) 쪽 보기: 스프라이트가 마우스 포인터 쪽이나 다른 스프라이트를 보는 쌓기 블록

`x좌표를 10 만큼 바꾸기`

x좌표를 ( ) 만큼 바꾸기: 스프라이트가 x축으로 움직이는 쌓기 블록

`x좌표를 0 (으)로 정하기`

x좌표를 ( ) (으)로 정하기: 스프라이트가 x축 위의 위치로 점프하는 쌓기 블록

`y좌표를 10 만큼 바꾸기`

y좌표를 ( ) 만큼 바꾸기: 스프라이트가 y축으로 움직이는 쌓기 블록

`y좌표를 [0] (으)로 정하기`

y좌표를 ( ) (으)로 정하기: 스프라이트가 y축 위의 위치로 점프하는 쌓기 블록

`벽에 닿으면 튕기기`

벽에 닿으면 튕기기: 스프라이트가 무대 벽에 부딪히면 방향을 바꾸는 쌓기 블록

`회전 방식을 [왼쪽-오른쪽 ▼] (으)로 정하기`

회전 방식을 ( ) (으)로 정하기: 회전 방식을 설정하는 쌓기 블록

`x좌표`

x좌표: 스프라이트의 x좌표 위치 값을 가지고 있는 알림 블록

`y좌표`

y좌표: 스프라이트의 y좌표 위치 값을 가지고 있는 알림 블록

`방향`

방향: 스프라이트의 방향 값을 가지고 있는 알림 블록

형태

형태 블록은 스프라이트의 형태를 바꿀 때 사용해.

( ) 을(를) ( ) 초 동안 말하기: 스프라이트 위로 지정한 시간 동안 말풍선을 표시하는 쌓기 블록

( ) 을(를) ( ) 초 동안 생각하기: 스프라이트 위로 지정한 시간 동안 생각풍선을 표시하는 쌓기 블록

( ) 생각하기: 스프라이트 위로 생각풍선을 계속 표시하는 쌓기 블록

모양을 모양 2 ▼ (으)로 바꾸기

모양을 ( ) (으)로 바꾸기: 모양을 지정한 번호의 모양으로 바꾸는 쌓기 블록

다음 모양으로 바꾸기

다음 모양으로 바꾸기: 모양을 모양 리스트에 있는 그다음 모양으로 바꾸는 쌓기 블록

`배경을 배경 1 ▼ (으)로 바꾸기`

배경을 ( )(으)로 바꾸기: 배경을 지정한 번호의 배경으로 바꾸는 쌓기 블록

`다음 배경으로 바꾸기`

다음 배경으로 바꾸기: 배경을 배경 리스트에 있는 그다음 배경으로 바꾸는 쌓기 블록

`크기를 10 만큼 바꾸기`

크기를 ( ) 만큼 바꾸기: 지정한 수만큼 스프라이트의 크기를 바꾸는 쌓기 블록

`크기를 100 %로 정하기`

크기를 ( ) %로 정하기: 지정한 비율로 스프라이트의 크기를 설정하는 쌓기 블록

`색깔 ▼ 효과를 25 만큼 바꾸기`

( ) 효과를 ( ) 만큼 바꾸기: 지정한 양만큼 스프라이트의 그래픽 효과를 바꾸는 쌓기 블록

`색깔 ▼ 효과를 0 (으)로 정하기`

( ) 효과를 ( ) (으)로 정하기: 지정한 대로 스프라이트의 그래픽 효과를 설정하는 쌓기 블록

`그래픽 효과 지우기`

그래픽 효과 지우기: 그래픽 효과를 초기화하는 쌓기 블록

`보이기`

보이기: 스프라이트를 무대에서 보여 주는 쌓기 블록

`숨기기`

숨기기: 스프라이트를 무대에서 숨기는 쌓기 블록

`맨 앞쪽 ▼ 으로 순서 바꾸기`

맨 ( ) 으로 순서 바꾸기: 스프라이트를 다른 모든 스프라이트의 맨 앞에 또는 맨 뒤에 배치하는 쌓기 블록

`앞으로 ▼  1  단계 보내기`

( ) ( ) 단계 보내기: 스프라이트를 다른 모든 스프라이트의 앞으로 또는 뒤로 보내는 쌓기 블록

`배경  번호 ▼`

배경 ( ): 표시되는 배경의 번호나 이름을 가지고 있는 알림 블록

`크기`

크기: 스프라이트의 크기를 가지고 있는 알림 블록

소리

소리 블록은 소리를 만들고 수정할 때 사용해.

`야옹 ▼  끝까지 재생하기`

( ) 끝까지 재생하기: 선택한 소리를 나머지 스프라이트가 모두 실행될 때까지 재생하는 쌓기 블록

`야옹 ▼  재생하기`

( ) 재생하기: 선택한 소리를 재생하는 쌓기 블록

`모든 소리 끄기`

모든 소리 끄기: 모든 소리를 멈추는 쌓기 블록

`음 높이 ▼ 효과를 10 만큼 바꾸기`

( ) 효과를 ( ) 만큼 바꾸기: 지정한 수만큼 소리 효과를 바꾸는 쌓기 블록

`음 높이 ▼ 효과를 100 로 정하기`

( ) 효과를 ( ) 로 정하기: 지정한 대로 소리 효과를 설정하는 쌓기 블록

`소리 효과 지우기`

소리 효과 지우기: 모든 소리 효과를 지우는 쌓기 블록

`음량을 -10 만큼 바꾸기`

음량을 ( ) 만큼 바꾸기: 지정한 수만큼 음량을 바꾸는 쌓기 블록

`음량을 100 %로 정하기`

음량을 ( ) %로 정하기: 지정한 비율로 음량을 설정하는 쌓기 블록

`음량`

음량: 현재 음량을 가지고 있는 알림 블록

105

펜

펜 카테고리의 블록은 무대에 선 등을 그릴 때 사용해. 펜 카테고리는 확장 기능 메뉴를 클릭해서 추가해야 해.

모두 지우기: 모든 펜 표시와 도장을 무대에서 지우는 쌓기 블록

도장찍기: 스프라이트의 이미지를 무대에 도장으로 찍는 쌓기 블록. 도장은 무대에 출력된 스프라이트 이미지의 복사본이고, 블록으로 제어할 수 없어.

펜 내리기: 스프라이트의 움직임을 따라 선을 긋는 쌓기 블록

펜 올리기: 스프라이트의 움직임을 따라 선을 긋지 않는 쌓기 블록

펜 색깔을 ( )(으)로 정하기: 선택한 색으로 펜의 색깔을 설정하는 쌓기 블록

펜 ( ) 을(를) ( ) 만큼 바꾸기: 지정한 수만큼 펜의 특성을 바꾸는 쌓기 블록

펜 ( ) 을(를) ( )(으)로 정하기: 지정한 대로 펜의 특성을 설정하는 쌓기 블록

펜 굵기를 ( ) 만큼 바꾸기: 지정한 수만큼 펜의 굵기를 바꾸는 쌓기 블록

펜 굵기를 ( )(으)로 정하기: 지정한 대로 펜의 굵기를 설정하는 쌓기 블록

비법노트 **7-2**장

엔트리 기본 알고리즘

엔트리봇 움직이기

엔트리를 처음 시작하면 엔트리봇이 앞으로 10만큼 움직이는 스크립트가 기본으로 등장해. 엔트리봇이 움직이면서 지나온 길에 선을 그리려면 붓 카테고리의 그리기 시작하기 블록이 필요해. 스크래치에서 펜 카테고리의 펜 내리기 블록과 같은 거야.

96쪽처럼 엔트리에서 정사각형을 그려 볼까?

```
▶ 시작하기 버튼을 클릭했을 때
x: 50  y: 50  위치로 이동하기
모든 붓 지우기
그리기 시작하기
1 초 동안 x: -50  y: 50  위치로 이동하기
1 초 동안 x: -50  y: -50 위치로 이동하기
1 초 동안 x: 50   y: -50 위치로 이동하기
1 초 동안 x: 50   y: 50  위치로 이동하기
```

블록의 종류와 하는 일

움직임

스크래치는 왼쪽이나 오른쪽으로 회전하는 블록을 제공했지?
엔트리에서는 각도를 직접 입력하는 블록만 사용할 수 있어.
즉, 오른쪽으로만 회전을 하지.

생김새

스크래치의 모양 블록과 이름만 살짝 다를 뿐 종류나 하는 일은
거의 똑같아.

소리

마찬가지로 스크래치의 소리 블록과 이름만 살짝 다를 뿐 종류나 하는 일은 거의 똑같아.

붓

엔트리의 붓 블록도 스크래치의 펜 블록과 이름만 살짝 다를 뿐 종류나 하는 일은 거의 똑같아. 하지만 엔트리는 붓 블록을 기본 카테고리로 제공해.

1. 모자 블록의 공통점은 무엇일까?

2. 스크래치에서 펜 내리기 블록이 하는 일은 무엇이고, 엔트리에서 펜 내리기 블록과 같은 일을 하는 블록의 이름은 무엇일까?

3. 다음 블록은 스프라이트를 어떻게 움직일까?

   `1 초 동안 x: -50 y: 50 (으)로 이동하기`

4. 스크립트가 실행 중인지 알 수 있는 방법은 무엇일까?

5. 다음 중 쌓기 블록이 들어갈 수 있는 곳을 모두 골라 보자.
   A. 다른 블록 위에   B. 다른 블록 아래에   C. 다른 블록 안에

6. 블록을 다른 두 블록 사이에 끼우는 방법은 무엇일까?

7. 무대에 그린 모든 선을 지우려면 어느 블록을 사용해야 할까?

   스크래치: _____

   엔트리: _____

정답

1. 모자 블록은 스크립트의 시작점이기 때문에 항상 블록의 맨 위에 위치한다.

2. 펜 내리기 블록은 스프라이트가 움직이며 지나간 길을 따라 선을 그린다. 엔트리에서는 붓 카테고리의 그리기 시작하기 블록이 펜 내리기 블록과 같은 일을 한다.

3. 스프라이트가 1초 동안 (-50, 50) 위치로 이동한다.

4. 스크립트 영역의 블록들이 반짝이는 것을 보고 알 수 있다.

5. A, B

6. 두 블록 사이로 끼워 넣을 블록을 끌고 오면 들어갈 수 있는 틈과 그림자가 생긴다. 그 자리에 블록을 떨군다.

7. 스크래치: 모두 지우기 블록
   엔트리: 모든 붓 지우기 블록

비법노트 **8-1**장

스크래치 데이터와 연산

변수

정보를 저장해 두면 프로그램을 실행할 때 다시 사용할 수 있어 무척 유용해. 정보를 저장할 때는 변수를 사용해.

> **복습:** 불리언 값은 참이나 거짓 하나만 될 수 있어.

- **변수:** 한 가지 종류의 값을 담아. 값에는 수, 문자열(텍스트), 불리언, 리스트 등이 있지.

알림 블록은 변수에 담긴 값을 알려 줘. 변수 값으로 수나 단어 등을 저장할 수 있지.

> 변수는 프로그램이 데이터를 저장하는 곳이야. 데이터를 흔히 값이라고 해.

113

알림 블록은 다른 블록의 매개변수 영역 안에 있어.

이벤트와 제어를 뺀 나머지 카테고리에는
모두 알림 블록이 있어.

알림 블록은 이렇게 생겼어.

변수 만들기

변수를 만들려면 블록 메뉴에서 변수 카테고리의 '변수 만들기'를 클릭해.
새로운 변수 이름을 만들고 확인을 클릭하면 블록 팔레트에 내 알림
블록이 나타나.

두 가지 방법으로 변수 값을 바꿀 수 있어.

1. ( ) 을(를) ( ) 로 정하기 블록: 현재 값을 내 값으로 교체할 때 사용해.

2. ( ) 을(를) ( ) 만큼 바꾸기 블록: 현재 값에 누를 지정된 만큼 더하거나
   뺄 때 사용해.

예시: '점수'라는 변수를 만들고, 게임이 시작할 때
(점수) 을(를) (0) 로 정하기 블록을 사용해 게임이 시작할 때의
점수를 0으로 설정해 볼게. 게임 중에는 사용자가 점수를
얻을 때마다 (점수) 을(를) (1) 만큼 바꾸기 블록을 사용해
1점씩 점수가 올라가도록 했어. 점수 변수의 값은
점수 알림 블록으로
사용할 수 있지.
알림 블록은 무대에
점수를 표시할 때나
플레이어가 게임을
이겼는지 알릴 때
사용해.

| 점수 ▼ | 을(를) | 0 | 로 정하기 |

| 점수 ▼ | 을(를) | 1 | 만큼 바꾸기 |

점수

115

내장 변수

알림 블록 중에는 데이터를 저장하는 내장 변수를 가지고 있는 것도 있어. 이 변수의 값은 따로 만들지 않아도 프로그램에서 사용할 수 있어.

예를 들어 '마우스의 x좌표'나 '마우스의 y좌표' 같은 내장 변수는 무대에 표시되는 마우스의 x쪽, y쪽 좌표를 나타내. 이 값은 x: ( ) y: ( ) (으)로 이동하기 블록의 매개변수 자리에 들어가 마우스의 현재 위치를 알려 주지.

사용자 입력

어떤 내장 변수는 **사용자 입력**을 저장해. (← 사용자가 입력한 값) 사용자에게 어떤 단어를 입력하라고 요구할 때 감지 카테고리에 있는 ( ) 라고 묻고 기다리기 블록을 사용할 수 있어.

사용자가 입력한 단어는 대답이라는 알림 블록에 저장되지. 사용자인 네가 이름을 입력하면 ( ) 말하기 블록을 사용해 스프라이트가 네 이름을 말할 거야.

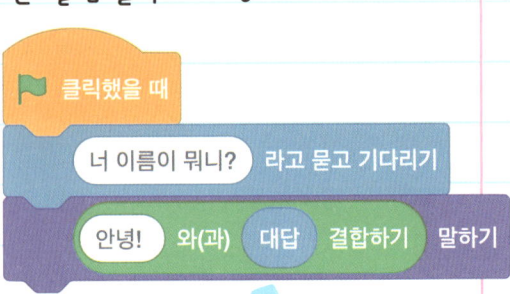

대답 알림 블록: 사용자 입력이 여기에 저장돼.

( ) 라고 묻고 기다리기 블록에 입력한 말이 스프라이트 위의
말풍선에 보이고, 무대 아래쪽에는 입력창이 생겨.
이때 스크립트는 잠시 멈춘 상태야. 사용자가 입력창에
무엇이든 입력하고 엔터 키를 눌러야 스크립트가 다시 실행돼.

리스트

스크래치에서는 여러 값을 한곳에 리스트 형태로 저장할 수 있어.

리스트 블록은 프로그램에서 여러 값을 한곳에 저장하고 사용할 때 필요해.

예시: 게임의 '하이스코어' 리스트를 만들어 볼게. ( ) 을(를) ( ) 에 추가하기 블록을 사용해 '영선', '상호', '미애'를 리스트에 추가할 거야.

[영선] 을(를) 하이스코어 ▼ 에 추가하기
[상호] 을(를) 하이스코어 ▼ 에 추가하기
[미애] 을(를) 하이스코어 ▼ 에 추가하기

리스트를 만들려면 블록 메뉴의 변수 카테고리에서 '리스트 만들기'를 클릭해야 해. 내 리스트 이름을 만들고 확인을 클릭하면 다음처럼 리스트 블록들이 블록 팔레트에 새로 생겨.

리스트는 처음엔 비어 있어. 따라서 하이스코어 리스트에 이름을 추가하려면 항목을 ( )에 추가하기 블록 세 개를 이어 붙이고 항목에 '영선', '상호', '미애'를 순서대로 입력해. 리스트가 만들어지면 무대에는 다음처럼 리스트가 표시될 거야.

하이스코어 리스트의 항목에서 미애를 민정으로 바꿀 때는 ( ) 리스트의 ( ) 번째 항목을 ( )으로 바꾸기 블록을 사용해. 이 블록의 첫 번째 매개변수에는 바꿀 항목의 인덱스 번호인 3을 입력하고 두 번째 매개변수에는 '민정'을 입력해.

다른 블록은 리스트에 항목을 추가하거나 삭제할 때 사용해.

연산

연산은 값을 계산할 때 사용해. 연산 블록은 두 가지가 있어.

알림 블록 그리고 불리언 블록

알림 블록은 값에 더하기, 빼기, 곱하기, 나누기 등을 적용할 때 사용해. 예를 들어 더하기 알림 블록을 사용하면 마우스 커서의 위치보다 50만큼 위쪽으로 스프라이트를 움직일 수 있어.

x: 마우스의 x좌표 y: 마우스의 y좌표 + 50 (으)로 이동하기

불리언 블록은 어떤 문장이 참인지 거짓인지 판단할 때 사용해. ( ) > ( ) 블록을 사용하면 플레이어의 점수가 50보다 큰지 알 수 있어.

수학 블록

연산 카테고리에는 수학의 연산자를 나타내는 알림 블록이 있어.

블록마다 한두 개의 필드가 있어서 여기에 수나 변수를 끼워 넣을 수 있어. 각 블록의 값은 수식을 계산한 결과야.

예시: 6 - 2를 계산해 볼까? ( ) - ( ) 블록을 사용하면 되겠지?

> 이 블록의 값은 4일 거야.

(6) - (2)

변수 알림 블록을 수학 블록의 필드에 끼워 넣어 수식을 만들 수도 있어.

> 뭐라고? 그럼 스크래치가 수학 숙제를 대신 해 줄 수 있다는 거야?

예시: 사람의 나이를 계산해 볼게. '태어난해'라는 변수의 값을 2008로 정하고, 이 값을 현재 연도인 2021에서 빼면 나이를 계산할 수 있을 거야.

(2021) - (태어난해)

변수 이름: 태어난해
값: 2008

불리언 블록

불리언 블록은 어떤 정보가 참인지 거짓인지 판단해. 참이나 거짓이 될 수 있는 조건이나 수식을 블록 안에 끼워 사용하는 거야.

예시:

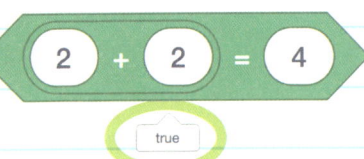

불리언 블록은 등호 양쪽의 값이 같은지 판단해.

2 + 2 = 4가 맞으니까 이 불리언 블록의 값은 '참'이야.

불리언 블록에 2 + 1 = 4를 끼우면 그 값은 '거짓'이 될 거야.

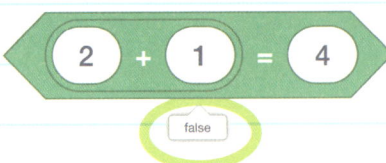

불리언 블록은 단어를 비교할 때도 사용할 수 있어.
예를 들어 민정 = 민정은 '참'이고, 미애 = 민정은 '거짓'이야.

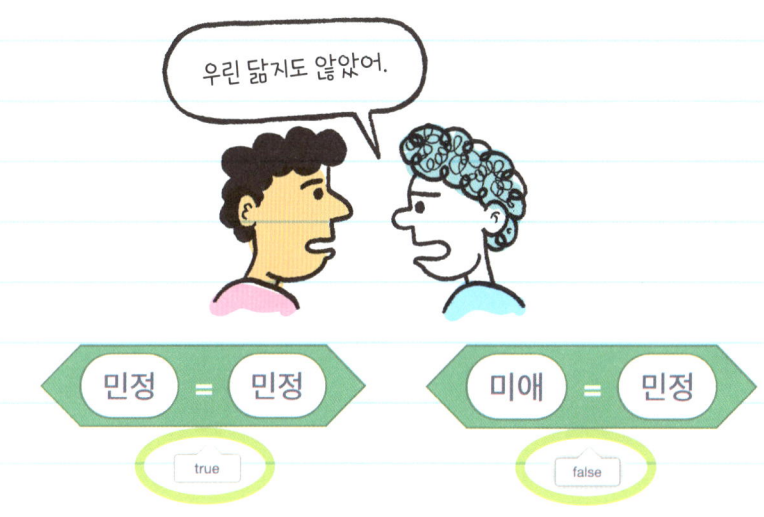

공백 문자 반드시 주의!
단어 앞뒤에 공백이 들어가면
다른 단어로 판단하거든.

연산 카테고리에는 비교(<, =, >)와 논리 연산(그리고, 또는, 아니다)을 위한 불리언 블록이 있어. 이 블록들은 서로의 필드에 **중첩되어** 들어갈 수 있지.

예시: ( ) > ( ), ( ) < ( ), ( ) 그리고 ( ) 불리언 블록을 사용해 점수 변수가 10보다 크고 타이머가 200보다 작은지 확인해 볼게. 자, 그러려면 ( ) > ( )와 ( ) < ( ) 블록을 ( ) 그리고 ( ) 블록의 필드에 끼워야겠지?

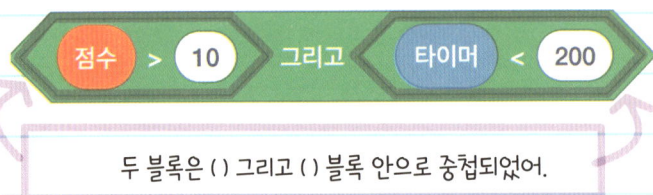

두 블록은 ( ) 그리고 ( ) 블록 안으로 중첩되었어.

> **블록을 중첩한다**는 것은 하나 또는 그 이상의 블록을 다른 블록 안에 끼워 넣는 것을 말해.

감지 카테고리에는 특정 조건을 확인할 수 있는 불리언 블록들이 있어. 조건이 충족되면 블록의 값은 참이 되고, 그렇지 않으면 거짓이 돼.

예시: ( ) 키를 눌렀는가? 불리언 블록은 사용자가 키보드의 스페이스바를 눌렀는지 파악할 때 사용해. 그리고 ( ) 색에 닿았는가? 블록은 스프라이트가 어떤 색에 닿았는지 파악할 때 사용하지. 이런 조건들이 충족되면 블록 값은 참이 되는 거야.

스페이스 ▼ 키를 눌렀는가?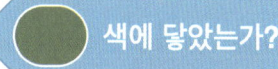

친구야, 스프라이트가 초록색에 닿으면 알려 줘. 그때부터 내가 숙제를 할 거거든.

블록의 종류와 하는 일

변수

변수 카테고리의 블록은 데이터를 하나의 단일 값 변수 또는 여러 값 리스트에 저장하고 바꿀 때 사용해.

☐ 나의 변수

변수 이름: 변수 값을 가지는 알림 블록

나의 변수 ▼ 을(를) 0 로 정하기

( ) 을(를) ( ) 로 정하기: 선택한 변수 값을 어떤 수나 문자열, 불리언으로 설정하는 쌓기 블록

나의 변수 ▼ 을(를) 1 만큼 바꾸기

( ) 을(를) ( ) 만큼 바꾸기: 선택한 변수 값을 어떤 양만큼 바꾸는 쌓기 블록

나의 변수 ▼ 변수 보이기

( ) 변수 보이기: 변수 값을 무대 위 작은 창 모양으로 표시하는 쌓기 블록

나의 변수 ▼ 변수 숨기기

( ) 변수 숨기기: 변수 값 표시 창을 무대에서 지우는 쌓기 블록

다음 블록은 값으로 구성된 리스트를 바꿀 때 사용해.

`나의 리스트`

리스트 이름: 리스트의 값(들)을 가지는 알림 블록

`항목 을(를) 나의 리스트 ▼ 에 추가하기`

( ) 을(를) ( ) 에 추가하기: 리스트의 맨 끝에 값을 추가하는 쌓기 블록

`1 번째 항목을 나의 리스트 ▼ 에서 삭제하기`

( ) 번째 항목을 ( ) 에서 삭제하기: 리스트에서 항목을 삭제하는 쌓기 블록

`나의 리스트 ▼ 의 항목을 모두 삭제하기`

( ) 의 항목을 모두 삭제하기: 리스트의 모든 항목을 삭제하는 쌓기 블록

`항목 을(를) 나의 리스트 ▼ 리스트의 1 번째에 넣기`

( ) 을(를) ( ) 리스트의 ( ) 번째에 넣기: 리스트의 지정 위치에 값을 끼워 넣는 쌓기 블록

`나의 리스트 ▼ 리스트의 1 번째 항목을 항목 으로 바꾸기`

( ) 리스트의 ( ) 번째 항목을 ( ) 으로 바꾸기: 리스트의 지정 위치에 있는 값을 바꾸는 쌓기 블록

`나의 리스트 ▼ 리스트의 1 번째 항목`

( ) 리스트의 ( ) 번째 항목: 리스트에서 지정 항목의 값을 가지는 알림 블록

`나의 리스트 ▼ 리스트에서 항목 항목의 위치`

( ) 리스트에서 ( ) 항목의 위치: 리스트에서 지정 항목의 인덱스 번호를 가지는 알림 블록

`나의 리스트 ▼ 의 길이`

( ) 의 길이: 리스트에서 항목 개수를 가지는 알림 블록

`나의 리스트 ▼ 이(가) 항목 을(를) 포함하는가?`

( ) 이(가) ( ) 을(를) 포함하는가?: 리스트가 지정 값을 가지고 있는지 묻는 불리언 블록

`나의 리스트 ▼ 리스트 보이기`

( ) 리스트 보이기: 리스트의 모든 값을 무대 위 표시 창에 보여 주는 쌓기 블록

`나의 리스트 ▼ 리스트 숨기기`

( ) 리스트 숨기기: 리스트의 모든 값을 무대 위 표시 창에서 숨기는 쌓기 블록

위의 블록은 리스트에서 여러 값을 한꺼번에 바꿀 때 사용해.

연산

연산 카테고리의 블록은 데이터를 다룰 때 사용해. 알림 블록은 대부분 더하기나 빼기, 곱하기, 나누기 같은 계산 기능을 가지고 있어. **문자열 값**을 바꿀 때 사용하는 블록도 있어.

문자열 값
일렬로 늘어선 기호나 값

( ) + ( ): 덧셈 결과를 가지는 알림 블록

( ) − ( ): 뺄셈 결과를 가지는 알림 블록

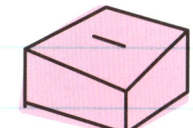

( ) * ( ): 곱셈 결과를 가지는 알림 블록

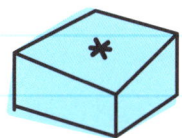

( ) / ( ): 나눗셈 결과를 가지는 알림 블록

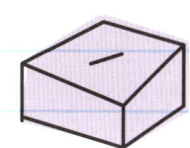

( ) 부터 ( ) 사이의 난수: 두 지정 값 사이에서 난수를 골라 가지는 알림 블록

> 특정한 배열 순서나 규칙을 가지지 않는 수

( ) > ( ): 왼쪽 입력란의 값이 오른쪽보다 큰지 판단하는 불리언 블록

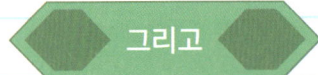

( ) = ( ): 왼쪽 입력란의 값이 오른쪽과 같은지 판단하는 불리언 블록

( ) 그리고 ( ): 두 불리언 블록이 모두 참인지를 판단하는 불리언 블록

( ) 또는 ( ): 두 불리언 블록 중 어느 하나라도 참인지를 판단하는 불리언 블록

( ) 이(가) 아니다: 매개변수의 값을 정반대로 판단하는 불리언 블록이야. 참인 매개변수는 거짓이 되고, 거짓인 매개변수는 참이 돼.

`가위` 와(과) `나무` 결합하기

( ) 와(과) ( ) 결합하기: 두 값을 하나의 문자열로 결합하는 알림 블록

`가위` 의 `1` 번째 글자

( ) 의 ( ) 번째 글자: 문자열에서 지정한 위치의 문자를 가지는 알림 블록

`가위` 의 길이

( ) 의 길이: 문자열에서 단어의 길이를 가지는 알림 블록

`가위` 이(가) `가` 을(를) 포함하는가?

( ) 이(가) ( ) 을(를) 포함하는가?: 왼쪽 매개변수 값에 오른쪽 글자가 포함되어 있는지 판단하는 불리언 블록

`  ` 나누기 `  ` 의 나머지

( ) 나누기 ( ) 의 나머지: 처음 값을 나중 값으로 나눈 나머지를 가지는 알림 블록

`  ` 의 반올림

( ) 의 반올림: 가장 가까운 정수 값으로 반올림해서 바꾸는 알림 블록

`절댓값 ▼` ( )

( ) ( ): 지정한 수의 수학 계산을 적용한 결괏값을 가지는 알림 블록으로, 어떤 수의 제곱근을 구할 수도 있어.

감지

감지 카테고리의 블록들은 사용자가 프로그램과 어떻게 상호 작용하는지에 대한 정보를 이해하고 저장할 때 사용해.

마우스 포인터 ▼ 에 닿았는가?

( ) 에 닿았는가?: 스프라이트가 마우스 포인터나 다른 스프라이트에 닿았는지 판단하는 불리언 블록

색에 닿았는가?

( ) 색에 닿았는가?: 스프라이트가 지정 색에 닿았는지 판단하는 불리언 블록

색이 색에 닿았는가?

( ) 색이 ( ) 색에 닿았는가?: 지정 색이 다른 지정 색에 닿았는지 판단하는 불리언 블록

마우스 포인터 ▼ 까지의 거리

( ) 까지의 거리: 스프라이트와 마우스 포인터 또는 다른 스프라이트 사이의 거리를 가지는 알림 블록

너 이름이 뭐니? 라고 묻고 기다리기

( ) 라고 묻고 기다리기: 사용자에게 질문을 하고 사용자가 입력창에 질문에 대한 답을 할 때까지 기다리는 쌓기 블록

`대답`

대답: 사용자가 입력한 대답을 저장하는 알림 블록

`스페이스 ▼ 키를 눌렀는가?`

( ) 키를 눌렀는가?: 지정 키가 눌렸는지 판단하는 불리언 블록

`마우스를 클릭했는가?`

마우스를 클릭했는가?: 마우스 버튼이 클릭된 상태인지 판단하는 불리언 블록

`마우스의 x좌표`

마우스의 x좌표: 마우스의 현재 위치에서 x축 값을 가지는 알림 블록

`마우스의 y좌표`

마우스의 y좌표: 마우스의 현재 위치에서 y축 값을 가지는 알림 블록

`드래그 모드를 드래그 할 수 있는 ▼ 상태로 정하기`

드래그 모드를 드래그 할 수 ( ) 상태로 정하기: 사용자가 스프라이트를 드래그할 수 있는지 없는지 결정하는 쌓기 블록

`음량`

음량: 연결된 마이크의 음량을 감지하는 알림 블록

`타이머`

타이머: 프로그램이 실행될 때부터 자동으로 시간을 측정하는 알림 블록

`타이머 초기화`

타이머 초기화: 타이머를 0으로 초기화하는 쌓기 블록

`무대▼ 의 배경 번호▼`

( ) 의 ( ): 지정된 스프라이트나 무대의 번호 값을 가지는 알림 블록

`현재 년▼`

현재 ( ): 현재의 년, 월, 일, 주, 시, 분, 초 등을 나타내는 알림 블록

`2000년 이후 현재까지 날짜 수`

2000년 이후 현재까지 날짜 수: 2000년 이후 지금까지 지나온 날의 수를 나타내는 알림 블록

`사용자 이름`

사용자 이름: 스크래치에 로그인한 사용자 이름을 가지는 알림 블록

비법노트 **8-2**장

엔트리 자료와 계산

변수

엔트리의 변수는 속성 탭에서 만들 수도 있고, 자료 카테고리에서 변수 만들기 버튼을 클릭해서 만들 수도 있어. 예를 들어 게임에서 점수를 나타낼 때는 다음 블록이 필요해.

점수▼ 값

내장 변수

사용자의 입력을 저장하고 싶으면 다음처럼 블록을 만들어야 해.

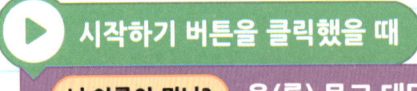

리스트

리스트는 속성 탭이나 자료 카테고리에서 만들 수 있어.

계산

엔트리의 계산 카테고리에서는 수학 블록뿐만 아니라 다음처럼 글자를 세밀하게 다룰 수 있는 블록도 제공해.

- 엔트리 의 글자 수
- 안녕! 과(와) 엔트리 를 합치기
- 안녕 엔트리! 의 1 번째 글자
- 안녕 엔트리! 의 2 번째 글자부터 5 번째 글자까지의 글자
- 안녕 엔트리! 에서 엔트리 의 시작 위치
- 안녕 엔트리! 의 안녕 을(를) 반가워 로 바꾸기
- Hello Entry! 의 대문자 ▼

퀴즈

1. 다음 중 알림 블록이 들어가는 곳은 어디일까?
   A. 다른 블록 위에
   B. 다른 블록 아래에
   C. 다른 블록 안에

2. 블록의 필드에는 무엇을 넣을 수 있을까?

3. 불리언 블록이 가질 수 있는 두 값은 무엇일까?

4. 알림 블록이 하는 일과 유용한 이유는 무엇일까?

5. ( ) 을(를) ( ) 로 정하기와 ( ) 을(를) ( ) 만큼 바꾸기는 어떻게 다를까?

6. 다음 블록을 실행한 결과는 무엇일까?

   A. true   B. false
   C. 12   D. 35

7. 다음 블록을 실행한 결과는 무엇일까?

- A. true
- B. false
- C. 12
- D. 35

8. 키보드에서 W 키가 눌렸는지 확인하기 위해 사용하는 불리언 블록은 무엇일까?

9. 수학 블록(*, /, +, -)과 비교 블록(<, >, =)의 다른 점은 무엇일까?

10. 다음 코드의 문제점은 무엇일까?

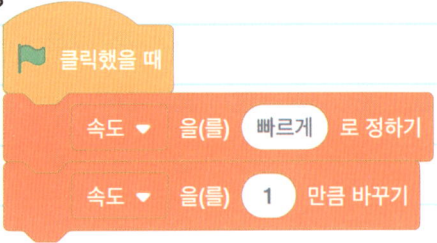

11. 스크래치에서 '속도'라는 변수를 만드는 방법을 설명해 보자.

정답

1. C

2. 텍스트, 숫자, 알림 블록

3. 참 또는 거짓

4. 알림 블록은 정보를 저장하는 변수이다. 필드나 다른 블록에 끼워 넣을 수 있기 때문에 유용하다.

5. ( ) 을(를) ( ) 로 정하기는 현재 값을 새 값으로 교체할 때 사용하고, ( ) 을(를) ( ) 만큼 바꾸기는 현재 값에 수를 지정된 만큼 더하거나 뺄 때 사용한다.

6. A

7. D

8. ( ) 키를 눌렀는가? 블록에서 w를 선택한다.

> w ▼ 키를 눌렀는가?

9. 수학 블록은 수를 저장하지만, 비교 연산은 불리언이기 때문에 참이나 거짓 하나만 저장한다.

10. ( ) 을(를) ( ) 로 정하기 블록의 ( )에는 수가 아닌 데이터를 사용할 수 없다. 보기에서는 '속도'를 '빠르게'로 정했는데, '빠르게'는 수가 아니다.

11. '변수' 블록 팔레트에서 '변수 만들기'를 클릭하고, 변수 이름으로 '속도'를 입력한 뒤 '확인'을 클릭한다.

비법노트 **9-1**장

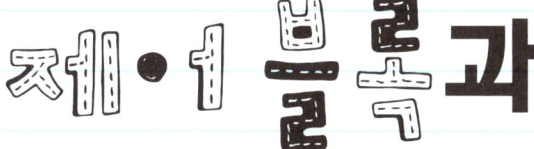

제어 블록

제어 블록은 다른 블록이 할 일을 말해 줘. 스크립트를 실행하거나 멈추고, 반복하거나 중단하지. 제어 블록은 초록색 깃발을 클릭하는 등의 외부 조건이 아니라 내부 조건에 따라 실행된다는 점에서 이벤트 처리기인 모자 블록과 달라.

제어 블록의 대표적인 예가 바로 반복하기 블록이야. 정해진 횟수만큼 코드를 반복하지.

C 블록과 마감 블록

제어 카테고리에는 두 종류의 블록이 있어.

C 블록과 **마감 블록**이지.

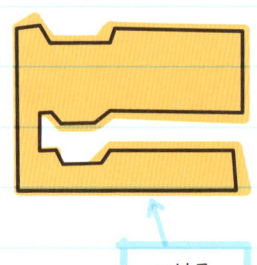
C 블록

C 블록은 말 그대로 알파벳 C처럼 생겼어.
다른 블록이 가운데 오목한 곳으로 들어오지.
C 블록이 다른 블록을 감싸는 모습이 되는 거야.
C 블록은 크게 두 가지로 나뉘어. 바로 **루프**와 **조건문**이야.

- **루프**는 이 문장과 다음 문장의 오목한 곳에 끼인 코드를 반복해.

- **조건문**은 조건이 충족되어야만 오목한 곳에 끼인 코드를 실행해.

C 블록은 제어 카테고리에만 있어. 루프와 조건문은 여러 가지가 있지만 형태는 모두 기본적으로 C 모양이야.

마감 블록은 스크립트 맨 아래에 받침대처럼 놓고
스크립트의 실행을 멈출 때 사용해.
마감 블록도 제어 카테고리에만 있어.

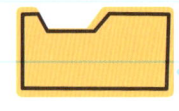
마감 블록

다른 블록은 마감 블록 아래에
놓일 수 없어.

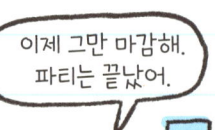
이제 그만 마감해. 파티는 끝났어.

이벤트 블록

이벤트 블록은 모두 여섯 개가 있어. 모자 모양의 이벤트 블록은 키 누름이나 마우스 클릭, 메시지 신호 같은 이벤트를 기다리지. 이벤트 처리기가 이벤트가 일어났다고 알리면 이벤트에 연결된 스크립트가 실행되는 거야.

이벤트 블록은 다른 키를 누를 때마다 다른 소리가 재생되는 사운드보드를 만들 때도 사용해.

예시: 숫자 키 중 1, 2, 3, 4에 다른 소리를 지정해 볼게.

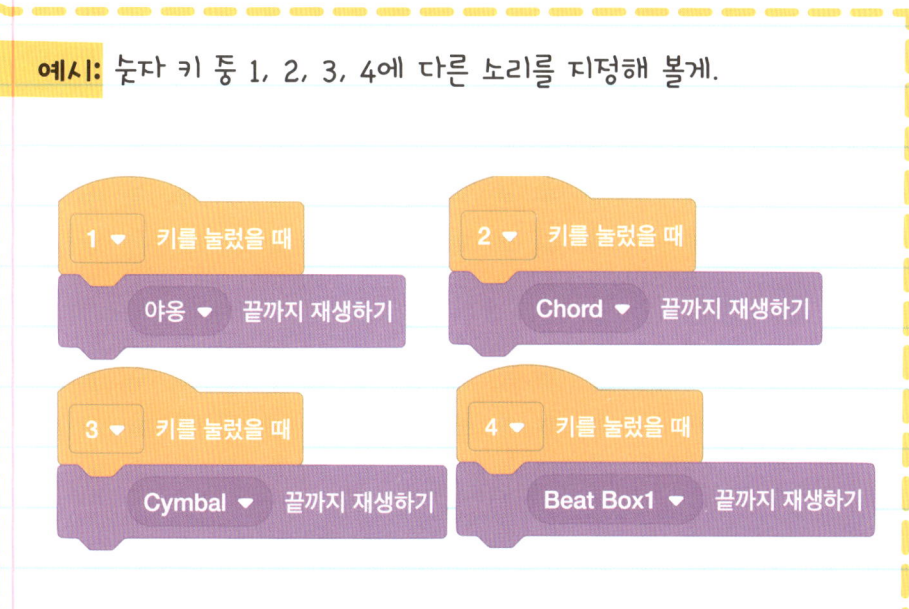

배경이 ( ) (으)로 바뀌었을 때 블록은 배경이 바뀌는지 집중해서 살펴봐. 레벨마다 새로운 배경으로 바뀌는 게임이라면, 이벤트를 설정해 두고 새로운 적이 등장하도록 할 수 있어.

신호 보내기 블록은 　　　　　 메시지를 보낼 때 사용해. 이 블록이 실행되면 모든 스프라이트에 메시지를 보내. 단, 사용자는 메시지를 주고받는 것을 알 수 없어. 오직 ( ) 신호를 받았을 때 블록만 반응하지.

예시: 게임에서 '게임 종료' 메시지를 표시할 때 신호 보내기 블록을 사용할 수 있어. 다른 스프라이트나 배경에 (게임 종료) 신호를 받았을 때 블록을 추가하는 거야. 이때 패배했음을 알리는 소리를 재생하고 게임 종료를 의미하는 새 배경을 함께 표시해.

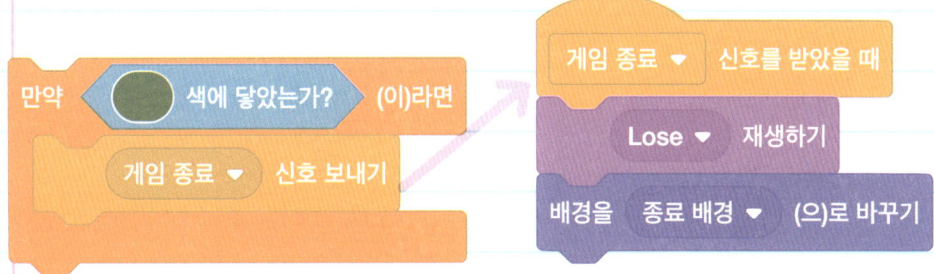

루프

모든 루프는 C 블록이야. 이 C 모양 위에는 '무한 반복하기', '( ) 번 반복하기', '( ) 까지 반복하기' 등 루프의 종류가 표시되어 있어. 반복할 코드는 C에서 입처럼 생긴 오목한 곳에 끼워 넣는 거야. 다른 블록은 루프 위에도 아래에도 쌓을 수 있어. 그리고 루프 블록 안에 다른 루프 블록을 또 끼워 넣을 수도 있지. 이런 형태가 바로 중첩 루프야.

기본 루프

스크래치에서는 세 가지 기본 루프를 사용해.

무한 반복하기, ( ) 번 반복하기, ( ) 까지 반복하기

무한 반복하기 루프는 영원히 실행돼. 정확하게 말하면 프로그램이 정지될 때까지 반복되는 거야. 무한 반복하기 블록을 사용하면 캐릭터가 걷는 모습을 연출할 수 있고, 스프라이트의 모양을 계속 다르게 바꿀 수도 있어. 루프는 빠르게 실행되기 때문에 ( ) 초 기다리기 블록을 중간에 넣으면 반복 과정을 느리게 관찰할 수 있어.

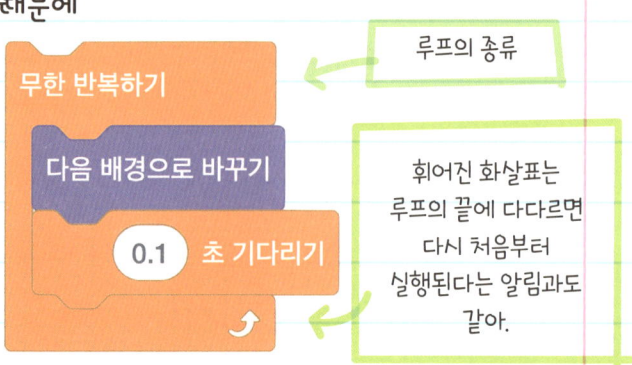

루프의 종류

휘어진 화살표는 루프의 끝에 다다르면 다시 처음부터 실행된다는 알림과도 같아.

( ) 번 반복하기 루프는 스프라이트한테 정확하게 몇 번을 반복할지 알려 줘. 필드에는 반복 횟수를 입력해.

예시: 다음 배경으로 바꾸고 0.1초 기다리라는 동작을 총 열 번 반복해 볼까?

( ) 까지 반복하기 루프는 불리언 구문이 참이 될 때까지 쉬지 않고 반복해.

예시: 다음 배경으로 바꾸고 0.1초 기다리라는 동작을 사용다가 키보드에서 스페이스바를 누를 때까지 계속 반복해 볼까?

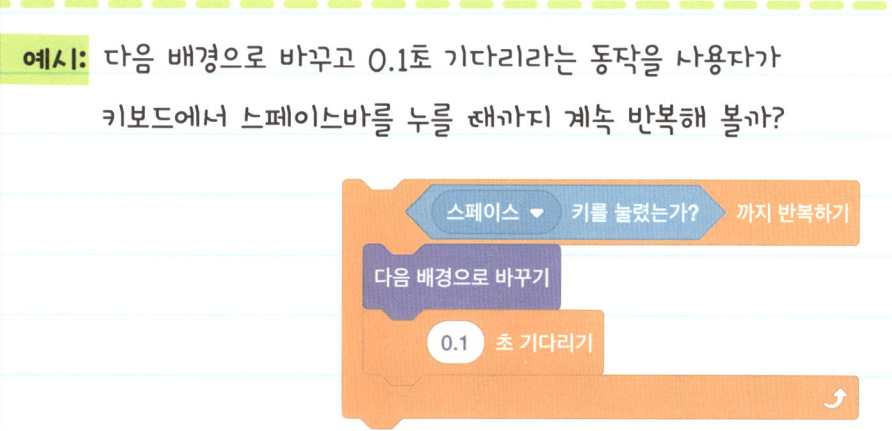

루프는 프로그램의 효율을 높여 줘. 정사각형을 그린다면, 루프를 사용해 더 나은 스크립트를 만들 수 있지.
이렇게 많은 블록으로 겨우 정사각형 하나만 그리지는 마.

이 블록을 눈여겨보면 어떤 패턴이 보일 거야. 그 패턴을 반복해야 해.
반복할 블록을 루프로 만들고 반복 횟수도 정해.

중첩 루프

중첩 루프는 루프 안에 또 루프가 있는 구조야. 중첩 루프는 어떤 작업에서 **서브루틴**을 반복할 때 무척 편리하고 좋아. 덕분에 스크립트도 짧아지고 효율도 높아지지.

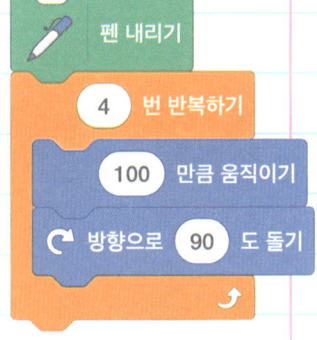

서브루틴은 게임에서 자주 사용하고, 재미있는 그림을 그릴 때도 쓸모 있어.

> **서브루틴**
> 특정 작업을 수행하는 코드 단위로, 더 큰 프로그램의 일부분으로 사용돼.

예시: 떨어지는 사과를 잡는 게임에서 무한 반복하기 블록을 사용해 사과를 끝도 없이 떨어지게 할 수 있어. 사과가 화면 아래쪽에 닿을 때마다 화면 위쪽에서 사과가 다시 떨어지는 거지. 사과가 떨어지는 모습을 연출할 때는 ( )번 반복하기 루프를 사용해.

스피로그래프 형태의 그림을 그릴 때도 중첩 루프를 사용할 수 있어. 우선 (6) 번 반복하기 루프로 육각형을 그려. 그다음 (6) 번 반복하기 루프가 만들어 낸 길을 따라 스크래치 고양이가 펜 도구를 사용해 육각형을 그리면 되겠지?

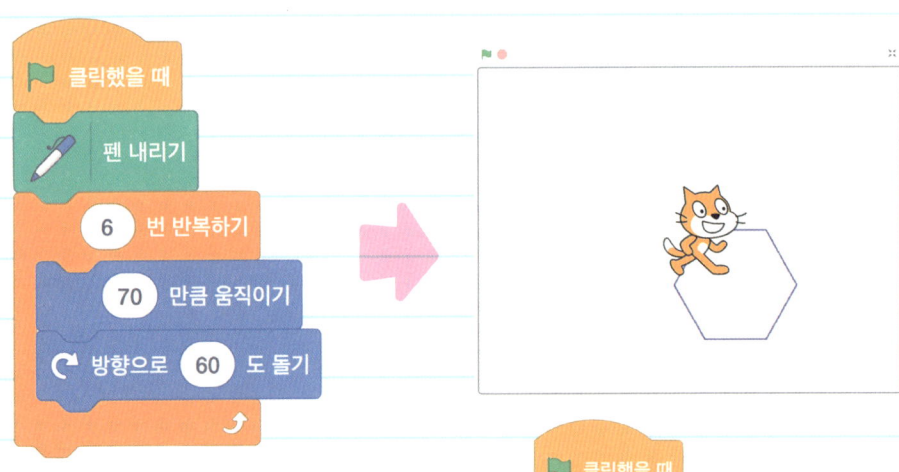

이제 이 루프를 (72) 번 반복하기 루프 안으로 중첩해. 그럼 육각형이 72번 그려질 거야.

여기에서 육각형을 그릴 때마다 오른쪽으로 5도씩 돌리고 색을 바꾸는 코드를 넣어.

다음은 스크립트가 실행된 결과야. 다양한 색깔의 육각형 72개가 오른쪽으로 5도씩 돌아가며 그려진 모습이야.

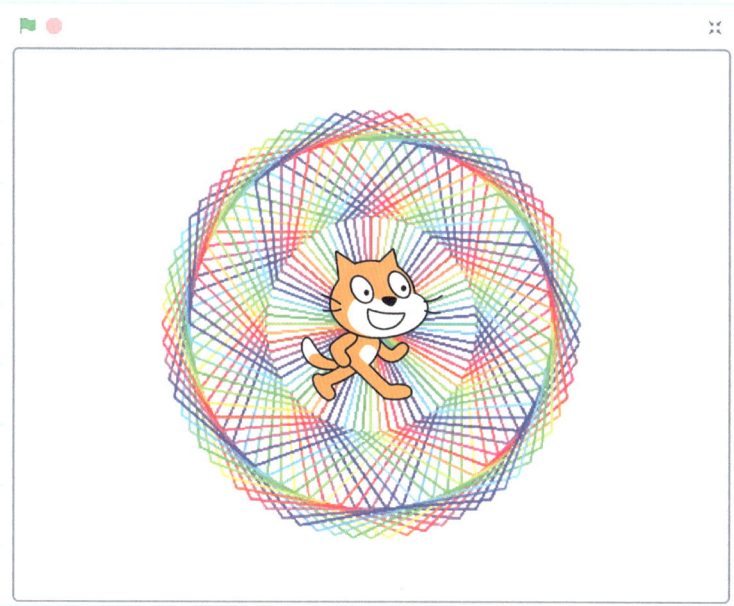

조건문

스크래치에는 두 가지 조건 블록이 있어.

만약 ( ) (이)라면

만약 ( ) (이)라면 아니면

조건문은 코드 탭의 제어 카테고리에만 있고 C 모양 블록이야.

기본 조건문

기본 조건문은 하나의 불리언 블록을 조건으로 사용하고 중첩하지 않아.

예시: 기본 조건문을 사용해 사용자한테 갈림길에서 어느 한쪽을 선택하도록 할 수 있어.

1. 사용자에게 어느 쪽 문을 선택할지 물어봐.
2. 조건 블록이 사용자의 대답과 '문1'을 ( ) = ( ) 불리언 블록으로 비교해.
3. 사용자의 대답이 '문1'이라면, 첫 번째 오목한 곳의 블록을 실행해.
4. 사용자의 대답이 '문1'이 아니면, '아니면' 아래에 있는 두 번째 오목한 곳의 블록을 실행해.

복합 조건문과 중첩 조건문

조건 블록은 루프 블록처럼 서로 중첩될 수 있어.
중첩 조건문은 하나의 조건 안에
다른 조건을 또 넣은 구조야.

만약 ( ) (이)라면 아니면 구문에서는 두 가지 결과가 가능해.

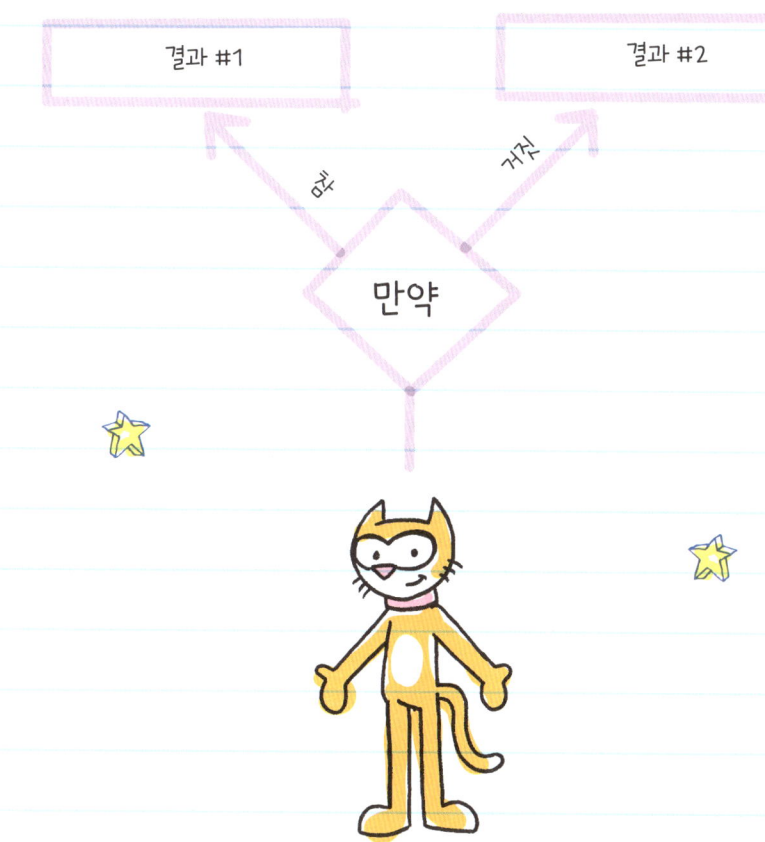

중첩 조건 블록은 무척 복잡한 갈림길 구조를 만들어.
그에 따라 다양한 결과를 만들 수 있어.

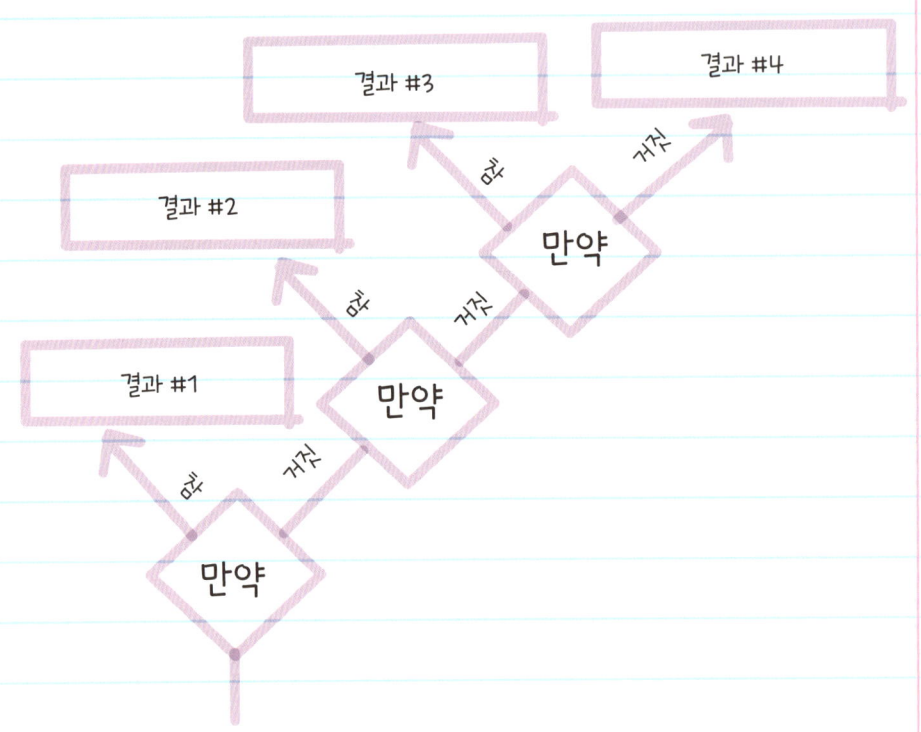

중첩 조건 블록은 사용자가 직접 답을 선택하면서 진행하는
어드벤처 게임을 만들 때 사용할 수 있어. 어느 문을 선택하겠느냐는
첫 번째 질문과 사용자의 대답이 '문1'인지 불리언 블록을 사용해
판단하는 첫 번째 조건으로 시작하는 거야. 조건 블록의
두 번째 오목한 곳인 '아니면'(거짓)에서는 '문2'일 때에 해당하는
다른 조건을 추가할 수도 있어. 가능한 결과의 개수만큼 조건 블록을
계속 중첩할 수 있는 거지.

예시: 앞의 게임에서 결과를 네 가지로 늘려 볼게.

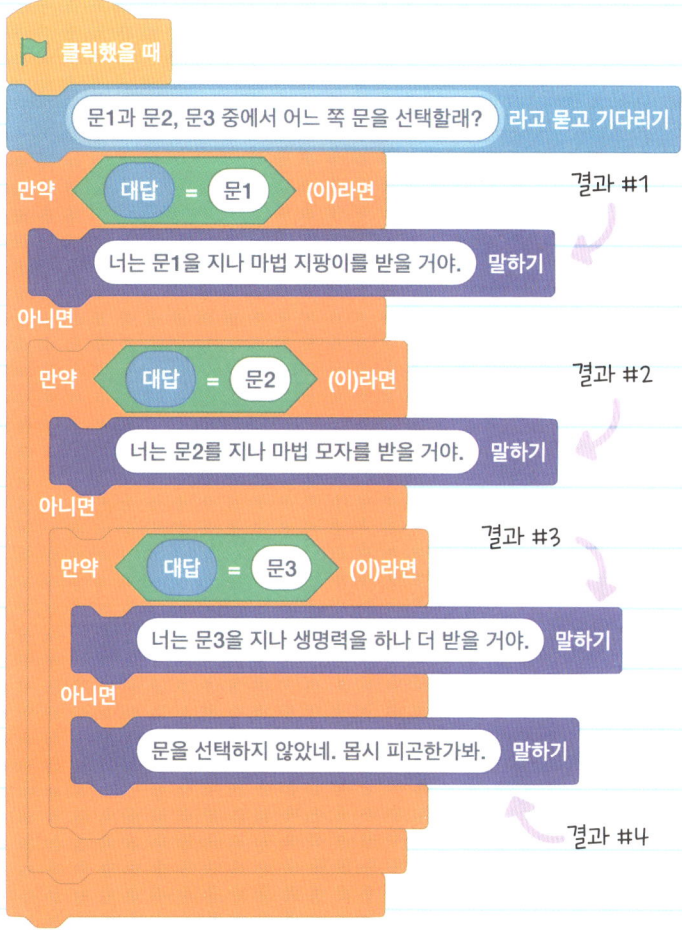

조건문을 여러 개 합치면 공간을 줄이고 스크립트를 간단하게 만들 수 있어. 두 개의 불리언 블록을 합치려면 ( ) 그리고 ( ) 불리언 블록을 사용해.

155

예시: 게임에 보너스 판을 만들어 볼게. 단, 보너스 판을 하려면 두 가지 조건을 합쳐야 해. 점수가 100점이 넘어야 하는 조건 <u>그리고</u> 난이도를 '어려움' 단계로 해서 플레이해야 하는 조건이야.

이 두 조건을 중첩하면 이런 모습이 될 거야.

두 조건의 불리언 구문을 '그리고' 블록으로 합치면 스크립트를 간단하게 만들 수 있어.

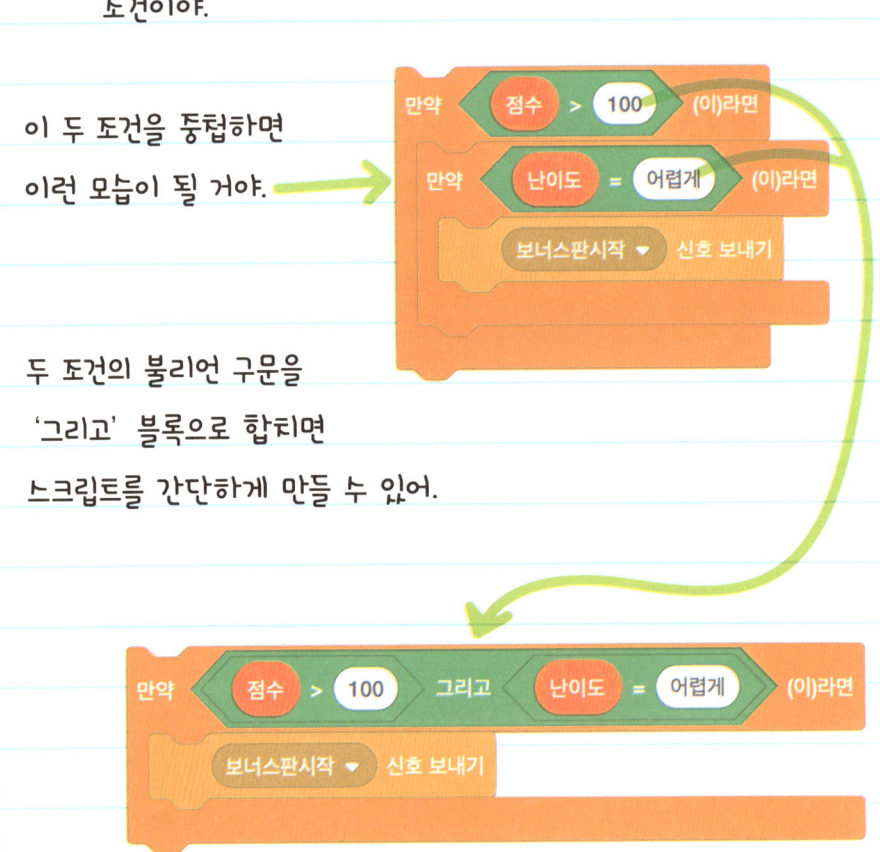

> **그리고**는 두 조건이 함께 참일 때만 참이야.
> **또는**은 두 조건 중 하나라도 참이면 참이야.
> **아니다**는 참을 거짓으로, 거짓을 참으로 바꿔.

블록의 종류와 하는 일

이벤트

이벤트 카테고리의 블록은 프로그램이 실행되는 동안 일어난 이벤트를 바탕으로 스크립트를 실행할 때 사용해.

`▶ 클릭했을 때`

초록색 깃발을 클릭했을 때: 사용자가 초록색 깃발을 클릭하면 자기 아래에 쌓인 스크립트를 실행하는 모자 블록

`스페이스 ▼ 키를 눌렀을 때`

( ) 키를 눌렀을 때: 사용자가 특정 키를 누르면 자기 아래에 쌓인 스크립트를 실행하는 모자 블록

`이 스프라이트를 클릭했을 때`

이 스프라이트를 클릭했을 때: 사용자가 특정 스프라이트를 클릭하면 자기 아래에 쌓인 스크립트를 실행하는 모자 블록

`배경이 배경 1 ▼ (으)로 바뀌었을 때`

배경이 ( )(으)로 바뀌었을 때: 배경이 특정 배경으로 바뀌면 자기 아래에 쌓인 스크립트를 실행하는 모자 블록

`음량 > 10 일 때`

( ) > ( ) 일 때: 동영상이나 타이머 값이 특정 값보다 크면 자기 아래에 쌓인 스크립트를 실행하는 모자 블록

`메시지1 신호를 받았을 때`

( ) 신호를 받았을 때: 특정 메시지 신호를 받으면 자기 아래에 쌓인 스크립트를 실행하는 모자 블록

`메시지1 신호 보내기`

( ) 신호 보내기: 특정 메시지 신호를 모든 스프라이트한테 보내는 쌓기 블록

`메시지1 신호 보내고 기다리기`

( ) 신호 보내고 기다리기: 특정 메시지 신호를 모든 스프라이트한테 보내고 그다음 블록을 실행할 때까지 기다리는 쌓기 블록

제어

제어 카테고리의 블록은 프로그램의 흐름을 제어할 때 사용해.

![1 초 기다리기]

( ) 초 기다리기: 지정된 초만큼 스크립트를 잠시 멈추는 쌓기 블록

![10 번 반복하기]

( ) 번 반복하기: 지정된 횟수만큼 오목한 곳의 코드를 반복하는 C 블록

![무한 반복하기]

무한 반복하기: 사용자가 프로그램을 정지할 때까지 오목한 곳의 코드를 반복하는 C 블록

만약 ( ) (이)라면: 불리언 조건이 참일 때만 오목한 곳의 코드를 반복하는 C 블록

만약 ( ) (이)라면 아니면: 불리언 조건이 참이면 첫 번째 오목한 곳의 코드를 반복하고, 거짓이면 '아니면'에 해당하는 두 번째 오목한 곳의 코드를 반복하는 C 블록

( ) 까지 기다리기: 불리언 조건이 참일 때까지 스크립트를 멈추는 쌓기 블록

( ) 까지 반복하기: 불리언 조건이 참일 때까지 오목한 곳의 코드를 반복하는 C 블록

멈추기 ( ): 지정된 스크립트(들)를 멈추는 마감 블록

복제하기 블록: 스프라이트를 복제한다는 말은 스프라이트의 복사본을 만든다는 뜻이야. 복제는 무대에서 같은 스프라이트가 한꺼번에 여러 개 필요할 때 아주 쓰기 좋아.

> 복제되었을 때

복제되었을 때: 스프라이트가 복제되면 자기 아래에 쌓인 스크립트를 실행하는 모자 블록

> 나 자신 ▼ 복제하기

( ) 복제하기: 지정된 스프라이트를 복제하는 쌓기 블록

> 이 복제본 삭제하기

이 복제본 삭제하기: 복제한 스프라이트를 삭제하는 마감 블록

비법노트 9-2장

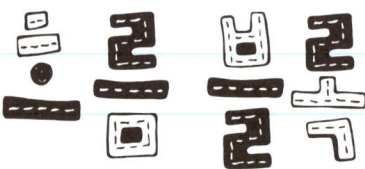

엔트리도 스크래치와 다르지 않아. 다만 스크립트의 시작을 알리는 블록이 스크래치는 이벤트 카테고리에 있고 엔트리는 시작 카테고리에 있다는 거야. 또 루프 블록과 조건문 블록이 스크래치는 제어 카테고리에 있고 엔트리는 흐름 카테고리에 있어. 위치는 조금 다르지만 스크립트 방식은 거의 동일해!

시작 블록

예를 들어 키보드의 숫자 키 1, 2, 3, 4에 각기 다른 소리를 지정해 볼까?

```
[1▼] 키를 눌렀을 때
소리 (강아지 짖는 소리▼) 재생하고 기다리기

[2▼] 키를 눌렀을 때
소리 (놀라는 소리▼) 재생하고 기다리기

[3▼] 키를 눌렀을 때
소리 (박수갈채▼) 재생하고 기다리기

[4▼] 키를 눌렀을 때
소리 (방귀 소리▼) 재생하고 기다리기
```

이번에는 게임이 종료되었을 때 이를 신호로 알리고 게임 종료에 어울리는 소리와 배경을 함께 표시하는 예를 들어 볼게.

```
만일 <해골병사▼ 에 닿았는가?> (이)라면
    종료▼ 신호 보내기

종료▼ 신호를 받았을 때
소리 (호루라기▼) 재생하기
종료 장면▼ 시작하기
```

루프 블록

루프 블록을 사용해 스피로그래프 형태의 그림을 그려 볼게. 먼저 육각형을 그리는 루프를 만든 다음, 이 루프를 72번 반복하는 루프에 중첩해. 그리고 육각형을 그릴 때마다 오른쪽으로 5도씩 돌리면서 색을 무작위로 바꿔 그리는 코드를 넣는 거야.

조건문 블록

게임에 보너스 판을 만들어 볼까? 보너스 판을 하려면 두 가지 조건을 합쳐야 해. 점수가 100점이 넘어야 하는 조건과 난이도를 '어려움' 단계로 해서 플레이해야 하는 조건이야.

이 두 조건을 그리고 블록으로 합쳐서 스크립트를 만들 수 있어.

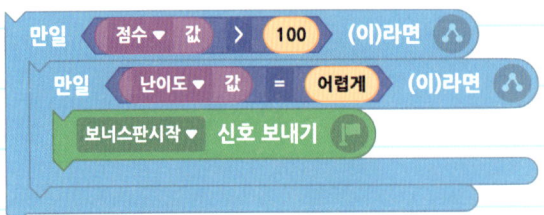

1. 루프는 무엇이며, 왜 유용한지 말해 보자.

2. ( ) 번 반복하기 블록과 무한 반복하기 블록의 다른 점은 무엇일까?

3. ( ) 신호 보내기 블록이 하는 일은 무엇일까? 프로그램이 메시지 신호를 보내면 이 메시지 신호가 무대에 표시될까?

4. 사용자가 10점을 얻을 때까지 코드를 반복하는 루프를 만들 때 사용하는 C 블록은 무엇일까?

5. 다음 코드에서 프로그램이 시작되면 화면에 처음 표시되는 말은 무엇일까?

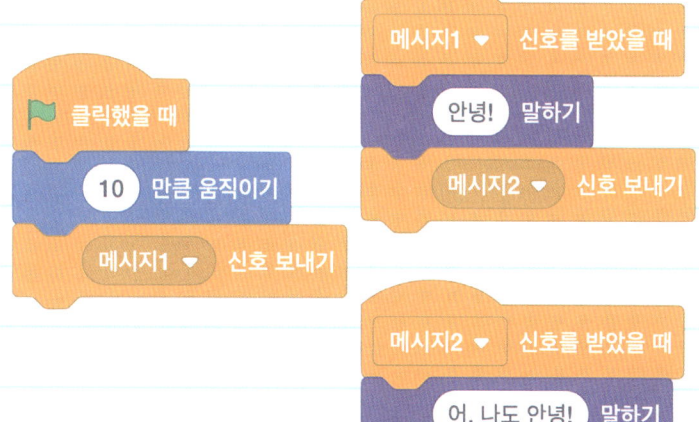

6. 오른쪽 코드에서 '좋아'라는 단어는 화면에 몇 번 표시될까?

```
클릭했을 때
3 번 반복하기
    2 번 반복하기
        좋아 을(를) 1 초 동안 말하기
        0.1 초 기다리기
    대박 을(를) 2 초 동안 말하기
```

7. 다음 스크립트에서 스프라이트는 언제 '휴, 어느새 이렇게 커 버린 걸까?'라고 말할까?

```
클릭했을 때
스페이스 ▼ 키를 눌렀는가? 까지 반복하기
    크기를 10 만큼 바꾸기
휴, 어느새 이렇게 커 버린 걸까? 을(를) 2 초 동안 말하기
```

8. 다음 코드에서 변수 '과일'을 '아보카도'로 지정하면 나타나는 결과는 무엇일까?

9. 서로 관련 있는 조건에 따라 결정을 내려야 한다면 어떤 조건문을 사용해야 할까?

정답

1. 루프는 반복되는 코드이다. 코드의 효율을 높이고, 같은 코드를 일일이 복사해 붙여 넣지 않아도 되므로 코딩이 쉬워진다.

2. ( ) 번 반복하기 블록은 지정된 횟수만큼만 오목한 곳의 코드를 반복한다. 반면 무한 반복하기 블록은 프로그램이 멈출 때까지 오목한 곳의 코드를 반복한다.

3. ( ) 신호 보내기 블록은 메시지 신호를 보내 그 신호에 연결된 이벤트 블록이 실행되도록 한다. 메시지 신호는 무대에 표시되지 않는데 사용자가 메시지 신호를 볼 수 없다는 뜻이다.

4. ( ) 까지 반복하기

5. 안녕!

6. 안쪽 루프가 '좋아'를 두 번 반복하면 바깥쪽 루프가 안쪽 루프를 세 번 반복한다. 즉, 2×3=6이므로 여섯 번 표시된다.

7. 사용자가 스페이스 키를 누른 후

8. 스프라이트는 '적당한 과일이 없네!'라고 말한다.

9. 중첩 조건문

스크래치 스크립트 재사용하기

새로운 블록 만들기

스크립트에서 반복해서 사용하는 블록은 아예 새로운 블록으로 만들 수 있어. 이러한 블록을 **프러시저 블록**이라고 해.

> 프러시저 블록은 얼마든지 다시 사용할 수 있는 코드에
> 이름을 붙인 것과 비슷해. 스크래치에서는
> **( ) 정의하기** 블록으로 프러시저 블록을
> 만들 수 있어.

새로운 프러시저 블록을 만들려면 우선 코드 탭의 '내 블록' 카테고리에 들어가서 '블록 만들기'를 클릭해. 그리고 원하는 종류를 선택한 다음 확인을 클릭해. 그러면 모자 블록처럼 생긴 ( ) 정의하기 블록이 생겨. '내 블록' 카테고리에는

프러시저 호출 쌓기 블록이 생기지. 이제 프러시저를 정의하는 과정이 필요해. 프러시저를 정의하려면 ( ) 정의하기 블록 아래로 원하는 블록을 쌓아야 해. 내 프러시저를 만들면 블록 메뉴의 '내 블록' 카테고리에 내 프러시저와 이름이 같은 프러시저 실행 쌓기 블록이 생겨. 이제 내 프러시저와 같은 이름을 가진 쌓기 블록을 스크립트 영역으로 끌어와 **프러시저를 실행**할 수 있어.

좋은 아이템을 답고 나쁜 아이템은 피하는 게임을 만든다면 프러시저 블록을 사용할 수 있어. 사용자에게 좋은 아이템을 답을 때마다 일정 포인트를 두고, 나쁜 아이템을 답을 때마다 일정 포인트를 빼는 식으로 게임을 진행하는 거야. 예를 들어 아이템 네 가지를 두고 아이템마다 포인트를 다르게 정하면 돼.

Crystal = 10포인트
Potion = 5포인트
Bat = -10포인트
Lightning = -5포인트

여기서 음수는 뺏을 점수를 의미해.

공격하기라는 새 프러시저를 만들고 ( ) 정의하기 블록을 사용해 '포인트'라는 매개변수를 추가해 볼게.

크기를 ( ) 만큼 바꾸기 블록은 스프라이트 크기를 바꿔.

매개변수 값은 프러시저 호출 쌓기 블록의 매개변수 필드에 입력해.

예시: 공격하기 ( ) 프러시저 실행 쌓기 블록에 '10'을 입력해 '포인트' 매개변수에 이 값을 전달해 볼게.

'포인트' 매개변수 자리에 10을 넣고 공격하기 (10) 블록을
실행하면, 스프라이트는 몸집이 10% 커져. '점수' 변수에도 10이
더해지지.

이제 스프라이트가 네 개의
아이템을 닿았는지
(아이템에 닿았는지)
확인하는 조건문을 추가하고,
이 조건에 따라 '공격하기'
프러시저를 실행할 수
있을 거야.

닿은 아이템의 종류에
따라 공격하기 ( )
블록에 매개변수 값을
각기 다르게 입력할 수도
있어.

복제하기

스프라이트의 **복제**는 스프라이트 복사본을 여러 개 만드는 거야. 복제 관련 블록은 블록 메뉴의 제어 카테고리에 있어.

예시: 무대에 비를 내려 볼게. 수백 개도 넘는 빗방울 스프라이트를 일일이 만들어야 한다면 끔찍할 거야. 이럴 때 빗방울 스프라이트를 하나만 만들고 나머지는 모두 복제해 사용하는 거지. (지금은 고양이 스프라이트로 예를 들게).

우선 스크립트가 두 개 필요해.

스크립트 1은 스프라이트를 복제해. 복제본을 무한대로 만들려면 무한 반복하기 루프가 제격이야.

스크립트 1

스크립트 1을 단독으로 실행하면 스프라이트가 수없이 복제될 거야. 하지만 복제본들은 프로그래밍된 적이 없으므로 무대에 나타나기만 할 뿐 아무 일도 하지 않아.

그래서 스크립트 2가 필요해. 스크립트 2는 복제한 스프라이트를 빗방울처럼 하늘에서 떨어뜨리고 땅에 닿으면 없애.

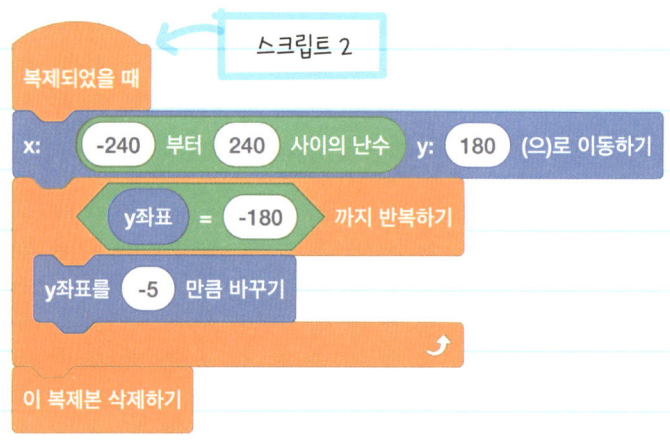

- 복제되었을 때 이벤트 모자 블록은 스프라이트가 복제될 때마다 아래에 쌓인 블록들을 실행해.

- ( ) 부터 ( ) 사이의 난수 블록은 스프라이트를 x축 위 임의의 점에서 시작해. 그리고 화면 맨 위에 해당하는 y축 값을 지정해. 위치를 지정할 때는 x: ( ) y: ( ) (으)로 이동하기 블록이 필요해. 여기에 ( ) 부터 ( ) 사이의 난수 블록을 끼우고 y축 값을 지정해야 해.

- 🟢 **( ) 까지 반복하기** 루프를 추가해 스프라이트가 하늘에서 떨어지는 장면을 연출해.

- 🟢 **y좌표를 ( ) 만큼 바꾸기** 블록을 추가하고 여기에 -5를 매개변수로 지정해. y축 값이 작아지는 건은 하늘에서 땅으로 떨어지는 건을 의미해.

- 🟢 **이 복제본 삭제하기**는 스프라이트가 땅에 닿으면 사라지게 만들어.

> 스크래치 프로그램에서는 복제본을 300개까지만 만들 수 있어. 복제본이 300개가 되면 스프라이트는 더 이상 복제되지 않아. 하지만 여기서는 스프라이트가 땅에 닿으면 사라지기 때문에 영원히 300개가 넘지 않을 거야. 계속 복제할 수 있다는 뜻이지.

블록의 종류와 하는 일

내 블록

내 블록 카테고리는 다른 카테고리와 조금 달라. 내 블록을 무한대로 만들 수 있거든. 내 블록을 만들 때마다 ( ) 정의하기 모자 블록과 같은 이름의 쌓기 블록이 생겨.

노트: 내 블록 카테고리의 블록은 내 프러시저를 만들어야 생겨.

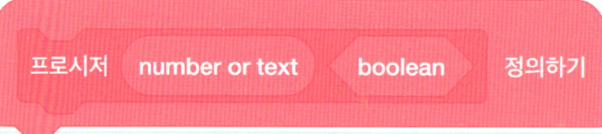

( ) 정의하기: 내 프러시저 블록을 매개변수까지 함께 정의하는 모자 블록

같은 이름의 블록: 만든 프러시저를 실행할 때 사용하는 쌓기 블록이야. 이 블록을 실행하면 ( ) 정의하기 아래로 쌓인 블록들이 실행되지.

비법노트 10-2장

엔트리 스크립트 재사용하기

새로운 블록 만들기

스크래치의 프러시저 블록을 엔트리에서는 함수 블록이라고 불러. 함수 카테고리에서 '함수 만들기' 버튼을 클릭하면 함수를 새로 정의할 수 있지. 속성 탭에서도 함수를 만들 수 있어.

함수를 만들 때는 문자·숫자 값이나 판단 값을 매개변수로 추가할 수 있어. 예를 들어 공격하기 함수를 만들어 볼게.

복제하기

비가 내리는 장면을 만들어 볼까? 엔트리에서도 빗방울 스프라이트를 하나만 만들고 나머지는 모두 복제해 사용하는 방법이 있어. 엔트리에서는 360개 정도의 복제본을 만들 수 있고, 스프라이트마다 따로 계산돼. 정말 간단하게 스크립트를 만들 수 있지.

스크립트는 두 개가 필요해. 스크립트 1은 스프라이트를 복제해. 복제본을 무한대로 만들려면 계속 반복하기 루프가 제격이야.

스크립트 2는 복제한 스프라이트를 빗방울처럼 위에서 아래로 떨어뜨리고 바닥에 닿으면 없애.

1. 스프라이트 복사본을 원하는 만큼 만들 수 있는 블록은 무엇일까?

2. 새로운 블록을 만드는 것과 루프 블록을 사용하는 것의 차이점은 무엇일까?

3. 스크래치에서 빗방울 스프라이트를 복제해 사용할 때 바닥에 닿으면 복제본을 사용한 후에 삭제해야 하는 이유는 무엇일까?

4. 새로운 프러시저 블록을 만들 때 들어가야 할 카테고리는 무엇일까?

5. 엔트리에서 비가 내리는 장면을 만드는 방법을 설명해 보자.

정답

1. 복제하기 블록

2. 루프 블록은 같은 코드를 단순히 여러 번 반복하는 것이다. 반면 직접 만든 내 블록은 다른 스크립트에서 사용할 수 있다. 그리고 서로 다른 매개변수 값을 입력해서 블록의 동작 방식을 살짝 바꿔가며 실행할 수도 있다.

3. 스크래치에서는 복제본이 300개가 넘으면 더 이상 복제본을 만들 수 없기 때문이다.

4. '내 블록' 카테고리

5. 빗방울 스프라이트를 하나만 만들고 나머지는 복제해서 스크립트를 만든다. 이때 스크립트는 두 개가 필요하다. 스크립트 1은 스프라이트를 복제하는데, 계속 반복하기 루프로 복제본을 무한대로 만든다. 스크립트 2는 복제한 스프라이트를 빗방울처럼 하늘에서 떨어뜨리고 바닥에 닿으면 없앤다.

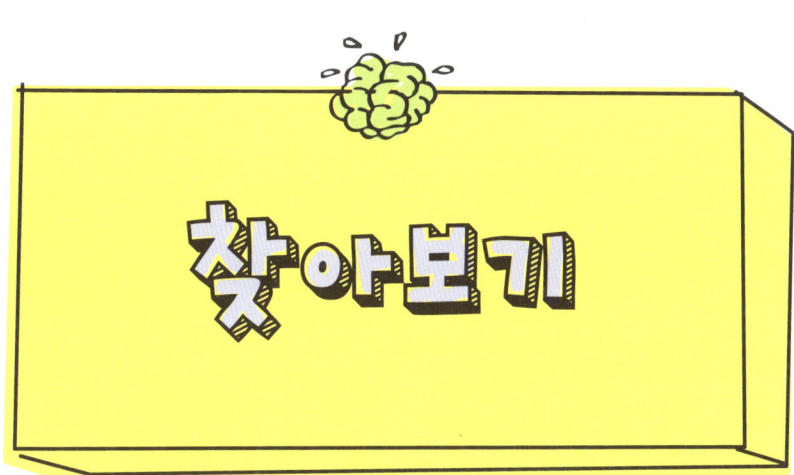

and 구문 33
c 블록 142, 146~151
else if 구문 28~29
else 구문 27
for 루프 42
if ... then 구문 25~29
not 구문 35~36
or 구문 34~35
while 루프 43
x좌표와 y좌표 76~77

ㄱ

감지 블록 132~134
값 10~14, 16~18, 58
개인 저장소 68~69
걷기 스크립트 90~92
경험치(XP) 16
고양이 움직이기 89~96
괄호 91
그리고 156
그리드 시스템 76~77
기본 루프 146~148
기본 알고리즘 87~110
기본 조건문 152
기호 12~14, 30~32
까지 반복하기 루프 146~147

ㄴ

내 블록 65, 170, 176
내장 변수 116~117
내주는 값 58
논리 연산자 33~36, 124

ㄷ

대입 연산자 12
돌기 블록 92~93
동작 블록 77, 98~100
등호 기호 12~13
디버깅 전략 97
또는 156

ㄹ

루프 41~45, 142, 146~151
루프문 41~45
리스트 19, 70, 74, 113, 117~119

ㅁ

마감 블록 142
만약 ( ) (이)라면 151
만약 ( ) (이)라면 아니면 151
말하기 블록 91
매개변수 56~58, 90~91
모양 71~73, 101~104
모양 리스트 72
모자 블록 88~89
무대 75~78
무한 반복하기 루프 146, 149
문자열 15
문자열 값 15, 129
밑줄 기호 14

ㅂ

반복하기 루프 146~151
반복하기 블록 141
배경 78, 144
배열 19, 42
벡터 방식 73
변수 10~19, 56~58, 113~119, 126~128
변수 선언하기 11
복제하기 173~175
복제하기 블록 161
복합 조건문 33~35, 153~156
불리언 값/수식 18, 30~36, 113
불리언 블록 120, 122~125, 147, 152, 155~156
블록 63~69, 77, 79~81, 83, 87~96, 98~107, 109~110, 113~136, 141~164, 169~178
블록 메뉴 64~65
블록 실행하기 87~88
블록 중첩하기 124, 146
비교 연산자 30~32, 122~125
비트맵 방식 73

ㅅ

사용자 입력 116~117
산술식 17
새로운 블록 만들기 169~172
서브루틴 148~151
섬네일 이미지 70~71
소리 리스트 74
소리 블록 104~105
소리 에디터 74
수학 블록 120~121
순서도 26~29, 31~37
숫자 값 16~17
슈도코드 44
스크래치 62~80, 87~107, 113~134, 141~161, 169~176
스크래치 고양이 89~96
스크립트 65~69, 87~109, 174, 178
스크립트 영역 66~69
스크립트 재사용하기 169~178
스크립트 저장하기 68~69
스프라이트 70~78, 89~96
스프라이트 리스트 70~71
스프라이트에 사용할 수 있는 소리 74
식별자 10, 12~14
신호 보내기 블록 143~145
쌓기 블록 89

ㅇ

아니다 156
알고리즘 87~109
알림 블록 113~116, 120~121
연산 120~125
연산자 12, 30~33, 120
예약어 14
외부 동작 50
이동 블록 95
이동하기 블록 94~96
이미지 에디터 73
이벤트 49~50
이벤트 블록 88, 143~145, 157~158
이벤트 처리기 50
입력 116~117

ㅈ

제어 블록 141~142, 159~161
조건문 25~37, 43, 151~156, 164, 172
조지 불 18
주석 67
중첩 루프 44~45, 146, 148~151
중첩 조건문 36~37, 153~156

ㅋ

코드 재사용하기 53~58

ㅍ

파이썬 14
펜 블록 93, 106~107
프러시저 53~58, 170, 172
프러시저 블록 169~172
프러시저 선언하기 53~55
프러시저 호출 쌓기 블록 170~171
프러시저 호출하기 55~56, 170
프로그램 안에서 일어나는 일 50

ㅎ

함수 54
형태 블록 101~104
확장 기능 79~80, 83

옮김 배장열

교육용 앱과 새로운 형식의 전자책을 개발하는 iOS, 안드로이드 개발자입니다. 그간 쌓은 강의와 개발 경험을 토대로 독자들에게 좋은 책을 소개하는 일에도 노력을 다하고 있습니다. 옮긴 책으로는 『초등 놀이 코딩』 『코딩 어드벤처 1~4』 『20 코딩 게임 with 스크래치』 『마인크래프트로 배우는 파이썬 프로그래밍』 등이 있습니다. 『코딩천재의 비법노트』에 대해 궁금하신 점은 justdoit709@gmail.com으로 보내 주시기 바랍니다.

코딩천재의 비법노트: 2단계 - 프로그래밍 기초·스크래치와 엔트리

초판 1쇄 펴낸날 2021년 12월 20일
초판 2쇄 펴낸날 2022년 7월 18일

글 브레인 퀘스트
옮김 배장열
펴낸이 홍지연

편집 홍소연 고영완 전희선 조어진 서경민
디자인 전나리 박해연
마케팅 강점원 최은 이희연
경영지원 정상희

펴낸곳 (주)우리학교
출판등록 제313-2009-26호(2009년 1월 5일)
주소 03992 서울시 마포구 동교로23길 32 2층
전화 02-6012-6094
팩스 02-6012-6092
홈페이지 www.woorischool.co.kr
이메일 woorischool@naver.com

ISBN 979-11-6755-029-3(73400)

• 책값은 뒤표지에 적혀 있습니다.
• 잘못된 책은 구입한 곳에서 바꾸어 드립니다.